꼬리에 꼬리를 무는 과학 1
데굴데굴 달걀

일러두기

• 책 속의 과학 용어와 인명 표기는 국립국어원의 원칙을 따랐습니다.
• 책 속에 나온 연구 결과와 이론은 2019년 기준입니다.

ⓒ현수랑 2019, Printed in Seoul, Korea.

데굴데굴 달걀

꼬리에 꼬리를 무는 과학 01

현수랑 글 | 허현경 그림

매직 사이언스

글쓴이의 말

달걀 호랑이의 달걀 나라 여행

  안녕하세요~, 친구들! 저는 달걀 행성 여행에 대해 소개하게 된 '달걀 호랑이'입니다. 달걀 호랑이는 저의 어렸을 때 별명이에요. 달걀을 너무 좋아해서 엄마가 붙여 주셨답니다. 하루에 달걀을 10개 넘게 먹기도 하고, 날달걀 윗부분을 새끼손톱만큼 톡톡 깨서 빨대를 꽂아 요구르트처럼 빨아 먹기도 했다지 뭐예요.
  지금도 달걀 사랑은 여전해서 달걀을 깨뜨려 넣지 않는 라면은 상상할 수도 없어요. 심지어 짜장면 위에 달걀을 얹어 먹는 것도 매우 좋아한답니다. 이렇게 달걀 사랑이라면 남에게 지지 않는 저지만, 알알이를 만나 달걀 나라를 여행하고 난 뒤부터는 달걀을 더욱더 사랑하게 되었어요. 알면 사랑한다는 말이 있듯, 달걀 한 알에 숨어 있는 오묘한 비밀들을 더 많이 알게 되었기 때문이에요. 그래서 이렇게 여행 안내도 나서서 하게 되었어요.
  지금 부엌으로 가서 달걀을 하나 꺼내와 보세요. 너무 맛있어서 다 먹어버린

게 아니라면, 그리고 가족 중에 달걀 알레르기가 있는 사람이 없다면 아마 냉장고 속에 달걀이 분명 있을 거예요. 달걀은 맛있고 영양도 만점인 완전식품이라서 많은 사랑을 받고 있으니까요.

달걀을 손에 들고 상상해 보세요. 약 6,500만 년 전, 공룡이 멸종했던 시기에 티라노사우루스 같이 날카로운 이빨과 발톱으로 무장한 육식 공룡 몇몇이 살아남았어요. 그리고 이들은 새로 진화했지요. 새 중에서도 닭은 공룡과 가장 가깝답니다. 지금 친구들은 공룡 후손의 알을 손에 들고 있는 거예요.

친구들이 들고 있는 달걀은 지금도 전 세계 수많은 사람의 목숨을 구하고 있는 영웅이기도 해요. 친구들도 달걀 덕분에 목숨을 위협하는 아주 무서운 병을 예방할 수 있었답니다. 바로 달걀로 백신을 만들기 때문이에요.

어때요? 벌써 달걀이 달라 보이지 않나요? 신비로운 비밀은 아직 아주 많이 남았어요. 알알이와 함께 달걀 나라를 여행하면서 비밀들을 밝혀내고 나면 달걀에 대한 생각이 완전히 바뀌게 될 거예요.

달걀 나라 여행은 앞에서부터 책장을 넘기며 그냥 따라가는 게 아니에요. 생각에서 생각이 연결되면서, 친구들이 먼저 알고 싶은 궁금증을 해결해 나간답니다. 이 이야기에서 저 이야기로 휙휙 여행을 다니게 될 거예요. 중간중간에 재미있는 도전 과제와 퀴즈도 숨겨 놓았으니 놓치지 마세요.

마지막으로 손에 든 달걀에 눈, 코, 입을 그려 달걀 나라 여행을 함께할 친구들만의 알알이를 만들어 볼까요? 그리고 이 '친구'를 옆에 두고 관찰하면서 책을 읽어 보세요. 더 실감나는 여행을 할 수 있을 거예요. 그럼 지금 바로 출발합니다~!

2019년 11월. 현수랑

여행
시작

안녕, 난 '알알이'야. 정신을 차려 보니
달걀 나라에 뚝 떨어져 있지 뭐야?
내가 '달걀'이라는 사실은 기억나는데, 나머지는 하나도 모르겠어.
다행히 내 앞에 이곳의 지도가 있었어.
어쩐지 이 지도를 따라 여행하다 보면
내가 진짜 누구인지, 내가 무슨 일을 할 수 있는지,
앞으로 어디로 가면 좋을지 알아낼 수 있을 것 같아.
친구들도 나와 함께 가지 않을래?

달걀 나라 여행 안내

이 책은 여러분이 원하는 대로 읽어갈 수 있어요. 알알이의 질문을 따라 여러분이 가고 싶은 곳으로 자유롭게 여행해 보아요.

1 달걀 나라는 달걀에 대한 재미있는 질문과 답이 가득 담긴 세 개의 대륙으로 이루어져 있어요. 대륙을 여행하는 순서는 여러분 마음대로예요. '1. 달걀은 어디에서 왔을까?'부터 순서대로 이동해도 되고, 마음에 드는 질문부터 시작해도 괜찮답니다. 지도를 잘 보고 가장 궁금한 질문을 찾아서 페이지를 펼쳐 보아요.

달걀 나라는 여러 번 여행할수록 더 재미있어. 새로운 여행 때는 이전과 다른 질문부터 시작해 새로운 길을 찾아보자. 달걀 나라에는 친구들이 둘러볼 멋진 장소가 아주 많으니까!

2 페이지 아래쪽에는 알알이의 발자국이 새겨져 있어요. 질문에 대한 답을 다 읽고 나면 알알이가 어디로 가야 할지 갈림길이 나올 거예요. 여러분이 궁금한 곳으로 자유롭게 이동해 보세요.

3 여행을 하다 보면 잘 모르는 단어나 내용이 나올지도 몰라요. 책 옆의 '단어 풀이'와 '상식 쌓기'를 참고하세요. 곳곳에 숨어 있는 '도전' 코너에서 재미있는 실험과 퀴즈를 즐길 수도 있답니다. 불이나 화학 물질을 쓰는 실험은 꼭 부모님과 함께하세요!

4 책 뒤에는 책 속에 나온 여러 가지 과학 용어에 대한 설명이 들어 있어요. 여행을 할 때 잘 모르는 단어가 나오면 적어 두었다가 단어 풀이로 내용을 확인해 보세요. 달걀에 대한 여러 가지 상식뿐만 아니라 과학 실력도 쑥쑥 늘어날 거예요~!

그럼 여행을 시작해 볼까? 궁금한 질문을 향해 나와 함께 GO!

5 여행을 마치고 나면 책 뒤에 있는 '나만의 데굴데굴 달걀 나라 지도'를 만들어 보세요. 각 질문 위에 여행 순서를 적으면 된답니다. 빈 공간을 색칠해 예쁘게 꾸미면 더 재미있을 거예요.

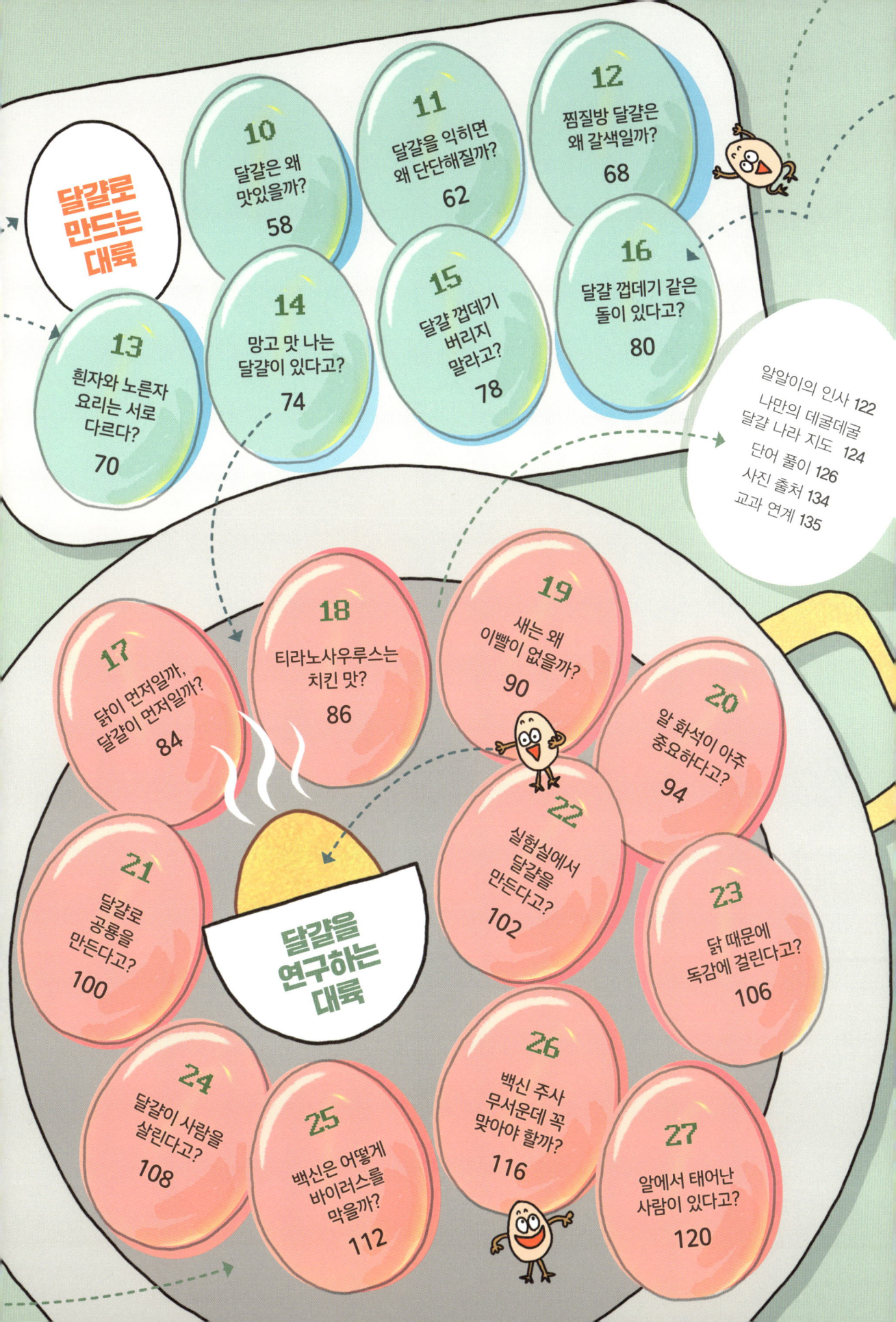

달걀이 생겨나는 대륙

1 달걀은 어디에서 왔을까?

우리 주인공 '알알이'와 같은 달걀은 암탉이 낳아요.
그러니까 달걀은 암탉의 배 속에서 만들어져서
세상 밖으로 나온 거지요.

달걀은 놀랍게도 하나의 세포예요. 하지만 그 안에 병아리로 자랄 수 있는 모든 것이 들어 있답니다!

달걀이 자라는 첫 번째 공간은 난소예요. 난소는 아기가 될 생식세포가 자라는 기관이에요. 사람의 난소에 있는 생식세포는 '난자'라고 부르지만, 닭의 난소에 있는 건 '난포'라고 해요. 암탉은 태어날 때부터 난소에 3,500~4,000개의 난포가 있어요. 난포는 커지면서 달걀 노른자가 되고, 수정된 노른자의 세포가 자라서 병아리가 된답니다.

난포는 처음에는 크기가 1mm 정도여서 맨눈으로 보기 힘들 만큼 아주 작아요. 암컷 병아리가 태어난 뒤 5~6개월 동안 자라면 어른이 되어 알을 낳을 수 있는데, 이때 난포도 함께 자라요. 병아리가 자랄 때 필요한 영양분이 난포에 쌓이면서 점점 커져

혹시 당신이 우리 엄마?!

아…, 아니야.

서 노른자가 되는 거지요. 암탉의 난소에는 1mm에서 40mm까지 다양한 크기의 노른자가 가득 있어요. 이 노른자에 흰자와 껍데기가 더해져 달걀이 된답니다.

난소에서 노른자가 나올 때부터 달걀이 완성되어 몸 밖으로 빠져나갈 때까지는 약 25시간이 걸려요. 이처럼 동물이 알을 낳는 걸 '산란'이라고 하지요. 암탉은 매일 난소에서 노른자를 내보내기 때문에 매일 달걀을 낳을 수 있지만 주기가 25시간이기 때문에 달걀을 낳는 시간은 약 1시간씩 늦어지지요. 재미있는 점은 암탉은 오전에만 알을 낳는다는 거예요. 달걀을 낳는 시간이 약 1시간씩 늦어지다가 오후로 넘어가게 되면, 암탉은 하루 쉬고 다음날 이른 아침에 다시 달걀을 낳는답니다.

닭은 보통 노른자를 하나씩 내보내지만 가끔 2개가 함께 나올 때가 있다. 그러면 노른자가 2개인 '쌍란'이 생긴다.

2 노른자가 '난백분비부'라는 기관에 도착하면 흰자가 나오면서 노른자를 둘러싸요. 약 3시간 동안 흰자가 완성되고 나면 노른자와 흰자는 다음 기관인 '협부'로 내려가요. 협부에서는 단백질이 나와 흰자와 껍데기 사이에 얇은 막을 만들어요. 약 1시간 동안 얇은 막이 두 겹으로 만들어지지요. 달걀은 말랑말랑한 상태랍니다.

3 막이 완성된 달걀은 자궁부로 가요. 여기서 드디어 단단한 껍데기를 만든답니다. 달걀 껍데기는 탄산칼슘으로 되어 있어요. 탄산칼슘의 재료는 암탉의 피 속에 녹아 있는 칼슘과 이산화탄소예요. 두 성분이 결합하면서 탄산칼슘을 만드는 거예요.

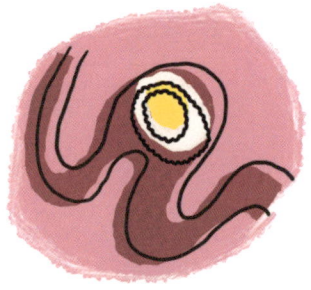

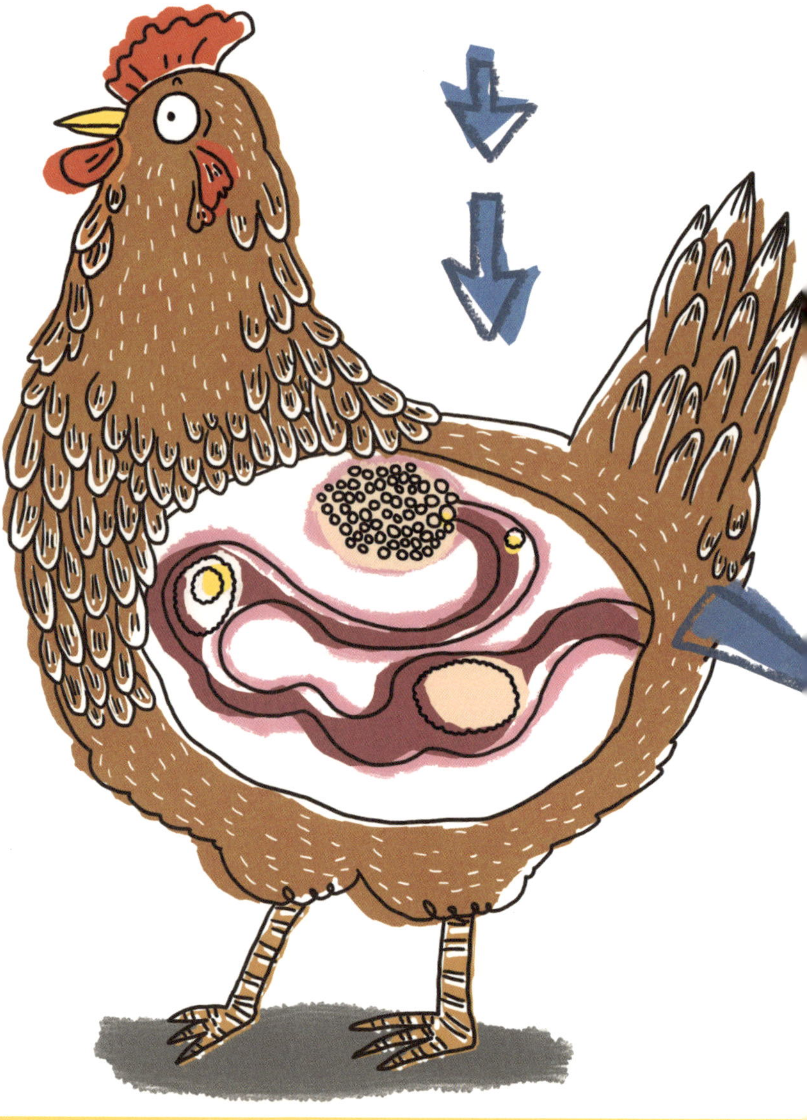

1 병아리가 될 수 있을 만큼 충분히 자란 노른자는 난소를 빠져나와 난관으로 이동해요. 난관은 난소부터 달걀이 완성 되어나오는 곳까지를 잇는 기관으로, 쭉 펴면 70~75cm나 되지요. 난관으로 들어간 노른자는 근육의 움직임 때문에 조금씩 아래로 내려가요.

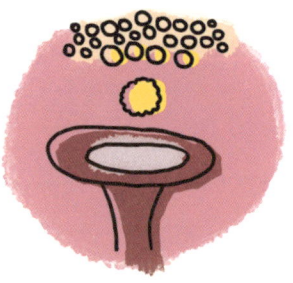

달걀 안에서 벌어지는 일이 궁금해? **46쪽으로 GO!**

상식 쌓기

암탉은 매일매일 달걀을 낳지만, 모든 달걀이 병아리가 될 수 있는 것은 아니에요. 사람 같은 포유류는 남녀가 짝을 지어야 새끼를 낳을 수 있는 반면 닭은 암탉 혼자서도 알을 낳을 수 있거든요. 이렇게 암탉 혼자서 낳은 달걀을 '무정란'이라고 해요. 무정란은 짝짓기 없이 낳은 달걀이기 때문에 수정이 되지 않았어요. 그래서 병아리가 될 수 없지요.

암탉과 수탉이 짝짓기를 하면 엄마인 암탉의 난자와 아빠인 수탉의 정자가 만나 수정이 된 '유정란'을 만들어요. 짝짓기를 통해 아빠 닭의 정자가 엄마 닭의 노른자를 만나 수정이 되어요. 이때 노른자는 아직 흰자에 둘러싸이기 전이에요. 수정된 노른자가 난관을 지나면서 흰자와 껍데기가 생기면 우리가 아는 달걀의 모습이 된답니다. 이렇게 만들어진 유정란을 암탉이 21일간 정성껏 품으면 예쁜 병아리가 태어나는 거예요.

유정란과 무정란은 노른자를 보면 구별할 수 있어요. 노른자에 있는 하얀 점인 '배반' 주변에 하얗고 둥근 띠가 하나 더 있으면 유정란이에요. 하지만 무정란은 하얀 점 하나만 있지요. 집에 있는 달걀을 깨어 확인해 보세요.

탄산칼슘만 있다고 달걀 껍데기가 만들어지지는 않아요. 탄산칼슘 분자들이 알맞게 쌓여야 하지요. 이때는 암탉의 난소에서 온 단백질이 활약해요. '오보클레디딘-17(OC-17)'이라는 단백질에 집게 같은 구조가 있는데, 이 구조가 탄산칼슘을 잡고 서로 연결해 딱딱한 껍질을 만들어 나간답니다. 마치 블록을 조립하는 것처럼요. 자궁부에서 껍데기가 다 만들어지려면 약 20시간이나 걸려요.

4 껍데기까지 만들어진 달걀은 암탉의 몸 밖으로 나와요. 유정란은 21일 후 병아리가 부화하지만, 무정란은 부화하지 않아요. 우리 식탁에 올라오는 달걀은 거의 대부분 무정란이랍니다.

달걀 껍데기에 뭔가 비밀이 숨어 있는 것 같은데❓　　80쪽으로 **GO!**

2 닭은 왜 달걀을 낳을까?

 닭이 알을 낳는 이유는 '날기 위해서'예요. 사람처럼 배 속에 아기를 품으면 몸이 무거워서 날 수 없거든요. 같은 이유로 오리와 참새, 비둘기 등 모든 새는 알을 낳는답니다.

　알을 낳는 것 외에도 새들은 몸을 가볍게 하려고 많은 일을 해요. 사람은 똥이 대장에 머물러 있다가 나와요. 하지만 새는 대장이 없어서 소화기관을 지나온 똥이 바로 바깥으로 나온답니다. 오줌도 마찬가지예요. 새는 바로바로 오줌을 버리기 때문에 방광이 없지요.

　재미있는 점은 똥과 오줌이 하나로 합쳐져서 나온다는 거예요. 새는 똥이 나오는 '항문'과 오줌이 나오는 '요도'가 하나로 합쳐진 '총배설강'을 통해 한 번에 똥이자 오줌인 배설물을 눈답니다. 새똥을 보면 하얀 물질을 볼 수 있는데, 이게 바로 새의 오줌이에요.

　생물은 몸속의 단백질이 분해되는 과정에서 생기는 '암모니아'를 오줌을 통해 버려요. 암모니아는 독성이 있기 때문에 생물들

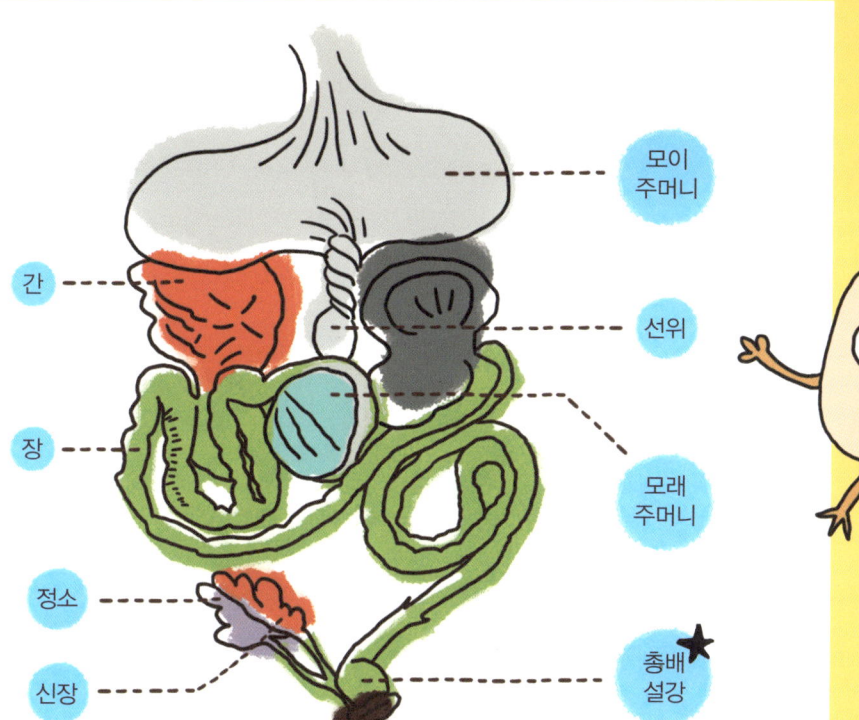

은 암모니아를 독성이 없는 물질로 바꿔서 오줌을 만들어요. 사람은 암모니아를 물에 녹는 '요소'로 바꿔 많은 양의 물과 함께 오줌으로 내 보내요. 요소가 몸 밖으로 나온 뒤 다시 암모니아로 변하면 톡 쏘는 화장실 냄새가 난답니다. 하지만 새는 몸에 물이 많으면 무거워서 날 수 없어요. 그래서 암모니아를 물에 녹지 않는 덩어리인 '요산'으로 만들어 몸 밖으로 내보낸답니다.

참고로 총배설강은 생식기능까지 해요. 수컷은 아기를 만들기 위한 정자를 내보내고, 암컷은 여기로 알을 낳는답니다.

이뿐만이 아니에요. 새는 몸을 가볍게 하려고 뼈도 특별하게 바꾸었어요. 새의 뼈는 속이 비어있답니다. 사람과 새의 뼈를 비교한 그림을 보면 쉽게 이해할 수 있을 거예요. 속이 빈 뼈 덕분에 몸이 가벼워진 새는 잘 날 수 있지요.

새의 뼈

공기가 있는 공간

단단한 뼈와 말랑한 골수

사람의 뼈

몸을 가볍게 하려고 뼈까지 특별하게 만든다니 신기해!

새와 사람의 뼈

새의 날개와 깃털 역시 잘 날 수 있도록 발달했어요. 깃털이 달린 새의 날개는 위는 둥글고 아래쪽은 편평하게 생겼어요. 이런 모양 때문에 공기가 날개를 지나갈 때, 아래쪽보다 위쪽으로 더 빨리 지나가요. 그러면 공기의 흐름이 빠른 위쪽은 아래쪽보다 압력이 낮아져서 날개가 위로 떠오르지요. 비행기 날개도 이런 모양이랍니다.

사실 닭도 날 수 있어요. 야생에서 살고 있는 닭은 하늘을 훨훨 날아 먼 곳으로 이동하지는 않지만 나무 사이 정도는 쉽게 날아다닌답니다.

우리가 키우는 닭들이 전혀 날 수 없어 보이는 것은 인간이 몸집이 더 크고, 알을 더 많이 낳는 닭으로 만들었기 때문이에요. 몸집이 커지면서 날아다니기 힘들어졌지요. 하지만 닭은 지금도 날개를 퍼덕여 쉽게 높은 곳으로 올라가거나 아래로 내려갈 수 있답니다.

사람이 키우는 닭의 날개도 충분히 날 수 있는 모양이에요. 닭도 다른 새와 마찬가지로 몸을 가볍게 하고 잘 날아다니기 위해 알을 낳는 거랍니다.

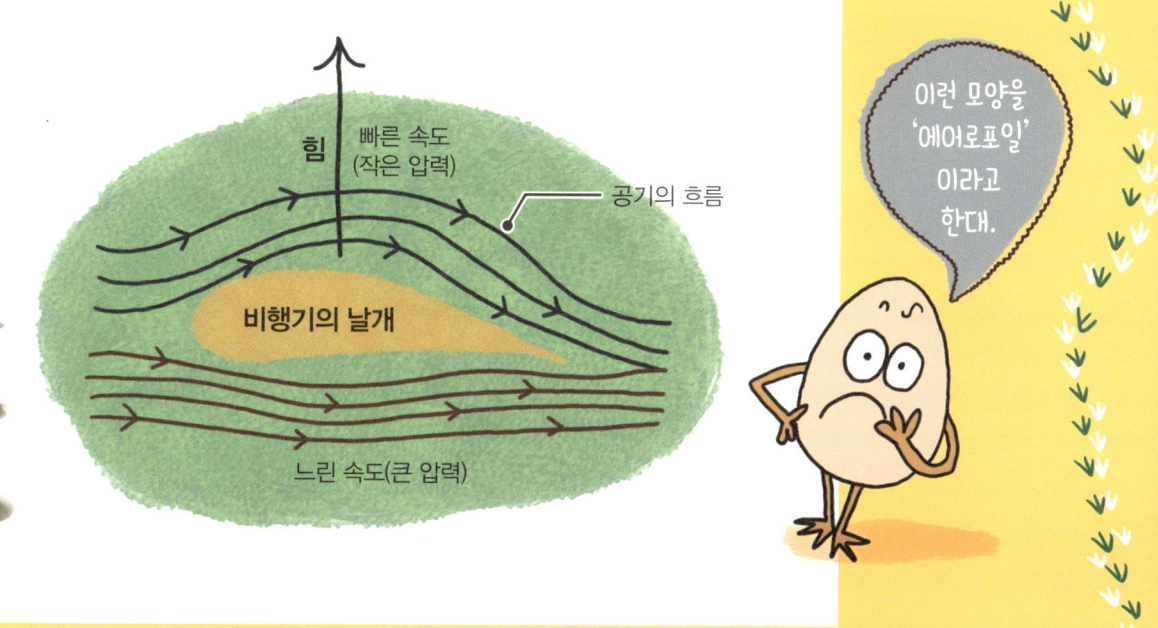

날지 않으면서 알을 낳는 동물도 있다고? 28쪽으로 GO!

3 닭은 왜 사람과 함께 살게 되었을까?

닭이 사람과 함께 살게 된 이유는 사람을 좋아했기 때문이에요. 정확하게 이야기하면 사람을 좋아하는 닭들만 골라 키운 거지요.

먼저 닭이 언제부터 사람과 함께 살게 되었는지부터 알아볼까요? 닭은 지금으로부터 약 7,000년 전에 사람 곁으로 왔어요. 아시아 열대우림에 사는 야생 닭인 '적색야계'가 사람과 함께 살면서 다양한 품종의 집닭이 되었지요. 전 세계에서 키우는 모든 닭의 조상은 적색야계랍니다.

스웨덴 리코핑대학교 페르 젠슨 교수팀은 적색야계를 직접 키우는 실험을 했어요. 연구팀은 사람을 싫어하는 적색야계와 사람을 좋아하는 적색야계 집단을 나눈 뒤, 알을 계속 낳게 했어요. 그렇게 해서 5대째가 되었을 때 두 집단을 서로 비교해 봤지요. 그 결과 사람을 좋아하는 적색야계의 후손만 사

지금도 야생에서 사는 적색야계

알알이의 궁금증!

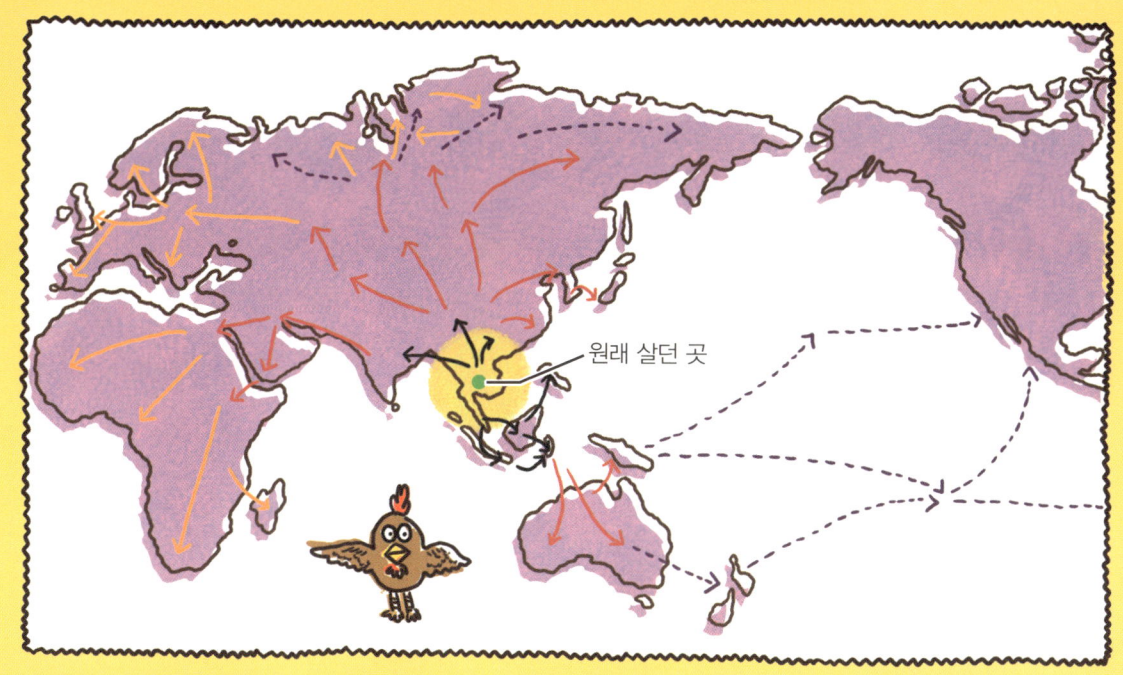

집닭이 퍼지게 된 경로　→ 1차 이동　→ 2차 이동　→ 3차 이동　--→ 4차 이동

람이 기르면서 체중이 쑥쑥 늘어나고 더 큰 달걀을 낳았어요. 심지어 사람을 싫어하는 적색야계의 후손보다 먹이를 적게 먹어도 더 잘 자랐지요. 기분을 좋게 만드는 호르몬인 '세로토닌'의 양도 더 많았답니다. 이를 통해 옛 사람들은 사람을 좋아하는 적색야계를 골라 기르면서 이들을 가축으로 바꿨다는 것을 알 수 있었어요.

최초로 적색야계를 기르기 시작한 지역은 베트남이나 캄보디아 같은 남아시아 지역이에요. 지난 2004년 6개국 과학자들이 모여 닭의 **유전자 지도**를 완성하고, 지역별 닭의 유전적 차이를 분석해서 알아냈지요. 남아시아 지역에서 적색야계가 처음으로 길들여졌고, 인도와 중국, 중앙아시아를 거쳐서 한국과 일본 그리고 유럽과 아프리카까지 퍼져 나가게 되었답니다.

단어풀이

유전자 지도란 염색체 안에 어떤 유전자가 어느 위치에 있는지를 나타낸 거예요.

대한민국 국보 제287호인 백제 금동대향로. 꼭대기에 수탉 형상의 봉황 장식이 붙어 있다.

적색야계는 사람과 함께 살게 되면서 많은 변화를 겪었어요. 생김새와 몸집은 물론 낳는 달걀의 개수도 달라졌지요. 적색야계는 몸무게가 900g 정도로, 오늘날 농장에서 키우는 집닭의 절반보다 조금 더 작아요. 또 일 년에 12~18개의 달걀을 낳았답니다. 하지만 가축화 된 닭은 훨씬 더 몸집이 커서, 다 자라면 몸무게가 5kg까지 나가는 품종도 있어요. 일 년에 약 300여 개의 달걀을 낳기도 해요. 사람들이 몸집이 크고 달걀을 잘 낳는 닭끼리 병아리를 낳게 하면서 더 커지고, 더 많이 낳게 된 거예요. 이렇게 사람에게 필요한 성질이 있는 가축이나 농작물을 골라 키워 더 유용하게 바꾸는 것을 '품종개량'이라고 해요.

하지만 사람들이 처음에 닭을 기른 이유는 고기와 달걀 때문이 아니었어요. 닭의 아름다운 붉은 볏과 깃털, 뾰족한 부리와 발톱 같은 멋진 외모와 당당한 걸음걸이, 아침이 오면 어김없이 우는 습성에 반해 키웠던 거랍니다. 닭을 승리와 용맹의 상징이며 아침을 불러오는 귀한 존재로 생각한 거예요.

고기를 먹기 위해 닭을 대량으로 기른 것은 1900년대 이후예요. 닭의 품종개량도 본격적으로 시작되었지요. 고기를 먹기 위해 키우는 '육계', 달걀을 많이 낳는 '산란계', 다양한 외모를 가진 반려동물 '관상계' 등 사람이 기르는 목적에 따라 다양한 닭이 생겼답니다. 전세계에서 키우는 닭의 품종은 약 250여 종이나 있어요.

실제로 품종개량으로 닭의 몸집이 얼마나 커졌는지를 연구하기 위해 캐나다 알버타대학교 마틴 주이

닭의 몸집 연구를 했더니….

	1957년	1978년	2005년
0일째	34g	42g	44g
28일째	34g	632g	1,396g
56일째	905g	1,808g	4,202g

드호프 교수팀은 1957년과 1978년, 2005년에 '브로일러'라는 품종의 닭을 직접 길러 봤어요. 닭 세 마리에게 정확하게 같은 양의 사료를 먹였고, 같은 방식으로 키웠으며, 성장에 영향을 미치는 약이나 호르몬제도 사용하지 않았지요. 그 결과는 위쪽 그림과 같아요. 같은 품종이지만 1957년에 키운 닭보다 2005년에 키운 닭의 몸집이 4배나 더 컸답니다.

나는 어떤 닭이 될까?

품종이 다양한 만큼 닭의 외모도 무척 다양해요. 각양각색의 닭을 함께 만나봐요~!

깃털도 피부도 까만 **오골계**

깃털이 곱슬곱슬 **프리즐**

볏의 깃털이 멋진 **파블로브스카이아**

닭고기처럼 달걀도 맛있는 이유가 뭘까? 58쪽으로 GO!

멋진 깃털 무늬에 특이한
볏을 가진 **세브라이트**

꼬리 깃이 엄청나게 긴 **오나가도리**

보송보송한 깃털이 신기한 **화이트실키**

목에 깃털이 없는
네이키드넥

적색야계의 조상은 누구일까? **84쪽으로 GO!**

4 다른 동물은 어떤 알을 낳을까?

동물은 새끼를 낳는 동물과 알을 낳는 동물로 나눌 수 있어요. 알을 낳으면 난생, 새끼를 낳으면 태생이라고 해요. 알을 배 속에서 키워 새끼를 낳는 난태생도 있답니다.

새끼 캥거루는 엄마의 주머니에서 저만큼 크는구나.

사람과 강아지, 고래 같은 동물은 태생이에요. 수컷의 정자와 암컷의 난자가 만나 생긴 하나의 세포인 '수정란'이 엄마 배 속에서 새끼로 자라는데, 이때 필요한 영양분을 탯줄을 통해 엄마에게서 직접 받지요. 송아지나 사슴처럼 태어나자마자 걸을 수 있을 만큼 엄마 배 속에서 자란 뒤 태어나기도 하고, 캥거루처럼 크기 약 2.5cm에 몸무게 약 1g으로 아주 작게 태어나는 경우도 있어요.

새나 곤충 같은 난생 동물은 알을 낳아 알 속에서 새끼를 길러요. 알 속에 수정란이 새끼로 자라는 데 필요한 영양분이 있지요. 알을 기르는 방법도 다양해요. 닭

캥거루는 새끼를 주머니(육아낭)에 넣어 키운다.

알알이의 궁금증!

아빠 해마가 새끼를 보내고 있어!

해마는 아빠의 배에 있는 육아낭에서 자란다.

개개비가 새끼 뻐꾸기를 자신의 새끼라고 생각하고 먹이를 주고 있다.

처럼 알을 낳은 뒤 따뜻하게 품어주고 새끼가 태어나면 어느 정도 자랄 때까지 돌봐주는 동물이 있는가 하면, 참개구리처럼 어미는 물가에 알을 낳기만 하고 알이 스스로 부화해 혼자 힘으로 자라는 경우도 있지요. 문어처럼 알이 부화할 때까지만 알이 있는 곳을 지키거나, 물자라처럼 알을 몸에 지고 다니면서 부화할 때까지 돌보는 경우도 있어요. 뻐꾸기는 남의 둥지에 알을 낳아 다른 새가 자신의 새끼를 키우게 하고, 고치벌은 나방 애벌레의 몸속에 알을 낳아 새끼가 나방 애벌레를 먹고 자라게 한답니다.

집에서 많이 키우는 구피처럼 새끼를 낳는 물고기 이야기를 들어본 적 있나요? 이런 물고기들은 난태생이에요. 난태생인 동물은 알을 몸 안에 품고 있다가 부화가 되면 낳는 거라서 태생과 구별해야 해요. 난태생 동물은 배 속에서 알을 키우지만 세포가 새끼로 자라는 데 필요한 영양분은 알에서 얻는답니다. 또 해마처럼 아빠 배 속의 육아낭에서 알을 키우기도 해요.

결국 태생인 동물을 빼고 나머지 모든 동물은 알을 낳아요. 새는 물론 거북이나 뱀 같은 파충류, 개구리와 도롱뇽 같은 양서류, 물고기인 어류, 다리가 6개인 곤충류와 다리가 8개인 거미류, 지네처럼 다리가 많은 다지류, 게나 새우 같은 갑각류도 알을 낳지요. 생물마다 모양과 크기, 색이 모두 다른 알을 낳아요. 얼마나 다양한 알을 낳는지 살짝만 보여 줄게요.

동물들의 알이 이렇게나 다양하고 예쁘다니!

왕우렁이의 알

노린재(무르간티아 히스트리오니카)의 알

찌르레기의 알

에뮤 알은 나보다 5배나 커!

상어(스몰스팟디드 캣샤크)의 알

에뮤의 알

배추흰나비의 알

남방오색나비의 알

이뿐만이 아니에요. 동물마다 낳는 알의 개수도 엄청나게 달라요. 황제펭귄처럼 한 번에 하나의 알만 낳아 키우는 동물이 있는가 하면 개복치처럼 한 번에 3억 개나 되는 알을 낳는 동물도 있지요. 주변 온도에 따라 알 속 새끼의 성별이 달라지는 동물도 있어요. 악어와 바다거북, 도마뱀 같은 파충류가 그렇답니다. 예를 들어 미시시피악어의 알은 주변 온도가 33℃일 때는 수컷으로, 30℃ 이하일 때는 암컷으로 부화해요.

포유류면서 알을 낳는 재미있는 동물도 있어요. 바로 오리너구리와 가시두더지예요. 이 두 동물을 빼고 나머지 포유류는 모두 새끼를 낳는답니다. 오리너구리와 가시두더지는 몸에 털이 있고, 새끼에게 젖을 먹이며, 체온이 일정하다는 포유류의 특징을 가지고 있지만 알을 낳아요.

가시두더지는 한 번에 하나의 알을 낳는데, 낳은 알을

가시두더지와 오리너구리는 '단공류'래.

가시두더지는 포유류이면서도 알을 낳는다.

배에 있는 주머니에 넣어요. 약 10일이 지나면 새끼가 태어나는데, 태어난 새끼는 주머니에서 약 50일 동안 자란 뒤 밖으로 나와요. 오리너구리는 땅을 파서 만든 둥지에 보통 2개의 알을 낳고, 약 7~10일간 어미가 알을 품으면 새끼가 태어난답니다.

알을 낳지만 사람처럼 태생으로 분류되는 물고기도 있어요. 바로 망상어와 상어랍니다. 붕어와 비슷하게 생긴 바닷물고기인 망상어는 알에서 부화한 새끼를 배 속에서 5~6개월이나 성장시킨 뒤 낳아요. 레몬상어와 귀상어의 새끼는 알에서 태어난 뒤 성장에 필요한 영양분을 다 써버리면, 엄마와 자신을 연결하는 핏줄을 만들어요. 사람의 아기가 엄마의 태반과 연결된 탯줄을 통해 영양분을 받는 것처럼 새끼 상어는 이 핏줄을 통해 엄마의 영양분을 받지요. 이처럼 새끼가 알에서 태어나지만 엄마에게서 온 영양분으로 자라면 태생으로 분류한답니다.

나도 새끼로 태어나면 어떤 모습일까?

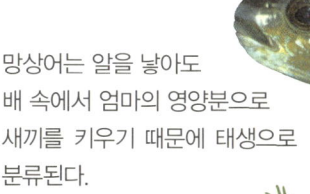

망상어는 알을 낳아도 배 속에서 엄마의 영양분으로 새끼를 키우기 때문에 태생으로 분류된다.

5 알 모양은 왜 다 다를까?

투명한 젤리 같은 주머니부터 조개처럼 생긴 덩어리까지 동물이 낳는 알의 모습은 각각 개성을 뽐내요. 조류도 마찬가지로 알로 자신만의 특징을 보여준답니다.

새들은 모두 달걀처럼 딱딱한 껍데기로 둘러싸인 알을 낳아요. 하지만 새마다 다양한 크기와 모양 그리고 다양한 색의 알을 낳지요. 가장 큰 알을 낳는 새는 타조예요. 타조의 알은 길이가 약 20cm로, 부피는 달걀 약 30개를 합한 것과 같아요.

반대로 가장 작은 알은 벌새의 알이랍니다. 길이가 약 1cm밖에 되지 않지요. 타조와 벌새의 몸집을 비교하면 알의 크기가 왜 이렇게 차이가 나는지 바로 알 수 있어요. 타조는 키가 약 170cm에 몸무게는 약 150kg이나 되어요. 하지만 벌새는 가장 작은 종류의 경우 몸길이 5cm에 몸무게는 1.8g밖에 되지 않는답니다. 큰 새는 큰 알을, 작은 새는 작은 알을 낳는 거죠.

그런데 몸집은 작지만 큰 알을 낳는 새도 있어요. 바로 뉴질랜드에 사는 날지 못하는 새, 키위새랍니다. 키위새는 종류마다

약간씩 차이가 있지만 몸길이가 48~84cm에 무게는 1.35~4kg 로 닭과 크기가 비슷해요. 하지만 달걀보다 6배 정도 큰 알을 낳지요. 암컷 키위새는 자기 몸길이의 4분의 1에서 3분의 1 크기나 되는 알을 낳는 거예요. 그래서 몸집에 비해 가장 큰 알을 낳는 새로 꼽힌답니다.

과학자들은 유전자 조사를 통해 키위새가 지금은 멸종한 코끼리새와 가장 가까운 친척이라는 사실을 알아냈어요. 코끼리새는 키 3m에 몸무게가 500~600kg이나 나갔던 공룡 같은 새지요. 코끼리새의 알도 달걀 200개를 합친 것만큼 아주 커다랬어요. 과학자들은 키위새도 과거에는 몸집이 컸는데, 진화하면서 몸집이 작아졌지만 알은 그만큼 작아지지 않았다고 생각하고 있어요. 여기서 재미있는 사실 하나 더! 가장 큰 알을 낳는 타조는

새가 낳은 다양한 크기의 알

벌잡이새　찌르레기　메추리　비둘기

몸 크기와 알 크기의 비율로 보면, 몸집에 비해 가장 작은 알을 낳는 새랍니다. 새들의 알은 탁구공처럼 둥근 모양도 있고, 한쪽이 뾰족한 달걀 같은 모양도 있어요. 뾰족한 정도도 모두 다르지요. 모양이 다른 이유에 대해서는 여러 가지 설명이 있어요. 먼저 알의 한 부분이 뾰족한 이유는 쉽게 굴러가지 않기 때문이라는 거예요. 알의 한쪽이 뾰족하면 알을 굴렸을 때 뾰족한 부분은 작은 원을, 큰 부분은 큰 원을 그리면서 뾰족한 부분을 중심으로 빙그르 돌아 멀리 굴러가지 않거든요.

크기만큼 모양도 다양하대!

공작　아프리카 펭귄　두루미　거위

금계　　　　앵무새　　　　산계　　　　칠면조

또 다른 설명은 알을 품을 때 더 잘 품을 수 있도록 한쪽이 뾰족하다는 거예요. 알을 품는 새들의 배 부분에는 알에 체온을 잘 전달할 수 있게 하는 '포란반'이라는 부위가 있어요. 알의 한 부분이 뾰족하면 공처럼 둥근 알보다 포란반에 닿는 부분이 더 넓어지기 때문에 더 잘 품을 수 있어요.

알의 모양과 새의 비행 능력이 관련있다는 연구결과도 있어요. 미국 프린스턴대학교의 조류학자인 매리 캐스웰 스토다드 교수가 새의 알 4만 9,175개를 분석했더니 비행 능력이 뛰어난 새일수록 길쭉한 알을 낳고 안 날수록 동그란 알을 낳는 것

에뮤　　　　　　　　　　타조

달걀도 엄마 닭의 깃털 색에 따라 다양한 색을 띤다.

으로 나타났지요. 잘 날기 위해서는 유선형 몸이 필요한데, 몸이 유선형인 새는 길쭉한 알을 낳는 게 더 낫기 때문이에요. 날지 못하는 새 중에서 펭귄은 길쭉한 알을 낳는데, 바다에서 헤엄치려면 유선형 몸이 필요하기 때문이에요. 알은 색과 무늬도 다양해요. 심지어 달걀도 갈색과 흰색이 있어요. 깃털이 흰 닭은 흰 달걀, 갈색 닭은 갈색 달걀을 낳지요. 메추리는 갈색 무늬가 있는 얼룩덜룩한 알을 낳아요. 에뮤는 진한 녹색 알을, 바다오리는 흰색이나 갈색, 옥색 바탕에 얼룩무늬가 매우 다양한 알을 낳아요. 남아메리카에 사는 티나무는 껍질이 마치 유리구슬처럼 매끄럽게 반짝이고 분홍색, 갈색, 파랑색, 녹색 등 다양한 색을 띠는 알을 낳는답니다.

티나무는 분홍색, 갈색, 파랑색, 녹색 등 다양한 색을 띠고 매끄럽게 반짝이는 알을 낳는다.

내가 낳았지만 참 예쁜 알이야.

새는 어떻게 알에 다양한 색과 무늬를 칠할 수 있을까요? 먼저 새가 알을 칠하는 '물감'에 대해 알아봐요. 사실 새들이 가지고 있는 색소는 두 가지뿐이에요. 적갈색의 '프로토포르피린'과 청록색의 '담록소'지요. 이 두 색소는 모두 피를 붉게 보이게 하는 적혈구 속 성분에서 만들어지거나 이 성분이 분해되면서 생겨요. 붉은 적혈구가 어떻게 푸른 담록소로 변하는지 이해하기 어렵다고요? 아주 쉬운 예가 있어요. 바로 몸에 멍이 들었을 때랍니다. 멍이 푸른 이유가 바로 담록소 때문이거든요.

이 두 색소가 없으면 알은 껍데기를 만드는 재료인 탄산칼슘의 흰색을 띠어요. 두 색소 중 하나만 칠해지거나, 두 색소가 적절하게 어울리면 다양한 색과 무늬가 생겨요. 무늬는 대부분 알의 가장 바깥층에 칠해지지만, 껍데기 중간이나 흰자를 둘러싸는 얇은 막인 '난각막'까지 칠해진 경우도 있지요. 새의 몸 안에서 알의 막이나 껍데기가 만들어질 때, 자궁의 세포에서 색소가 나와 알에 색과 무늬가 칠해져요. 색소가 어디서 얼마나 나오는지에 따라 다양한 색과 무늬가 나타나는 거죠.

그렇다면 새들은 왜 알에 색을 칠하는 걸까요? 첫 번째 이유는 알이 눈에 띄지 않게 하기 위해서예요. 메추라기와 꼬마물떼새, 쇠제비갈매기는 땅 위에 알을 낳아요. 하지만 알이 보호색을 띠어서 천적에게 쉽게 들키지 않을 수 있지요.

바다오리

닭은 알을 어떻게 만들까? **14쪽으로 GO!**

새들이 알을 색칠하는 두 번째 이유는 알의 색이 알의 온도에 영향을 미친다는 거예요. 어두운 색 옷은 빛을 더 많이 흡수해서 더 따뜻해요. 그래서 겨울에는 어두운 색을 많이 입지요. 마찬가지로 어두운 색의 알은 더 많은 빛을 흡수해서 더 따뜻해질 수 있어요. 반대로 너무 더운 지방에 사는 새는 빛을 많이 반사하는 하얀 알을 낳는답니다.

세 번째 이유는 어미가 자신의 알을 구별하기 위해서예요. 바다오리는 많은 개체들이 한 장소에 모여서 알을 낳아요. 그래서 알이 다른 바다오리의 알과 쉽게 섞일 수 있어요. 하지만 바다오리는 알의 위치가 바뀌어도 색과 무늬를 보고 자신의 알을 찾아내 품을 수 있답니다. 뻐꾸기는 남의 둥지에 알을 낳아 키우는 '탁란'을 하는데 이들이 알을 숨길 때도 알의 색과 무늬가 중요한 역할을 해요. 어미 새가 먹이를 찾아 떠났다가 둥지로 돌아왔는데, 색과 무늬가 다른 뻐꾸기의 알이

메추리알이 얼룩덜룩한 이유도 꼬마물떼새와 똑같대!

주변에 섞여 보이지 않는 꼬마물떼새 알

알이 푸른색을 띠는 얼룩무늬딱새 알

원래는 하얀 달걀이 갈색으로 변하기도 한다며? 68쪽으로 GO!

있으면 어미 새는 둥지 밖으로 알을 버리거든요.

알이 왜 특정한 크기와 모양, 색을 가지고 있는지에 대해 이렇게 많은 설명들이 있지만 아직 아무도 알의 비밀을 완벽하게 밝혀내지는 못했어요. 알에 대해서는 아직도 더 많은 연구가 필요하답니다.

상식 쌓기

알이 눈에 잘 띄는 청색이거나 녹색인 경우도 많아요. 과학자들은 이에 대해 여러 가지 가설을 내놓았지요. 먼저 눈에 잘 띄는 색으로 맛없는 알이라고 표시할 수 있어요. 알의 색이 진한수록 더 건강한 암컷이 낳은 알이고, 수컷은 진한 알을 더 잘 돌본다는 의견도 있어요. 파란 알을 낳는 얼룩무늬딱새는 알이 더 선명한 파란색일수록 수컷이 새끼를 위해 더 많은 먹이를 가지고 온답니다.

바다오리의 알. 어미 바다오리는 알의 다양한 색과 무늬를 보고 자신의 알을 찾아낼 수 있다.

6 달걀 속에는 뭐가 있을까?

딱딱한 달걀 껍데기 속에는 흰자와 노른자가 들어 있어요. 단순해 보이는 달걀 껍데기와 흰자 그리고 노른자는 알고 보면 아주 복잡한 구조를 가지고 있답니다.

단어풀이

μm는 마이크로미터라고 읽어요. 1마이크로미터는 100만 분의 1미터(m)랍니다.

오래된 달걀은 겉이 더 맨들맨들해.

달걀의 놀라운 점은 작은 달걀 안에 병아리가 될 수 있는 모든 '재료'가 완벽하게 들어 있다는 사실이에요. 책을 읽고 있는 친구는 지금 부엌으로 가서 날달걀을 깨뜨리지 말고 접시에 담아 가져와 보세요. 자, 그럼 함께 찬찬히 관찰해 볼까요? 먼저 달걀 껍데기를 만져 보세요. 부드럽고 매끈하지만 유리구슬처럼 반질반질하지는 않아요. 우리가 달걀을 만질 때 달걀 껍데기를 바로 만지는 것 같지만, 사실 달걀 껍데기는 5~10μm 두께의 얇은 단백질 막으로 덮여 있답니다. 이 막을 '큐티클층'이라고 불러요. 달걀이 엄마 닭의 몸에서 나올 때 쉽게 빠져나올 수 있도록 엄마 몸에서 미끌미끌한 점액을 내보내요. 이 점액이 달걀에 묻고 말라서 얇은 막이 된 거지요. 큐티클층은 미생물의 침입과 달걀 속의 수분이 증발하는 걸 막아 줘요.

큐티클층 아래에는 두께가 0.2~0.6mm인 얇은 달걀 껍데기가 있어요. 껍데기의 두께는 달걀의 뾰족한 부분이 가장 두껍고, 반대쪽 둥근 부분이 가장 얇지요. 그러니 삶은 달걀을 이마로 깰 때는 둥근 부분을 겨냥하는 것이 좋겠죠? 이제 달걀을 톡톡 깨서 접시에 담아 봐요. 어때요? 쉽게 깰 수 있었나요? 달걀이 깨지기 쉽다고 생각하는 경우가 많지만 두께에 비해서는 엄청나게 단단한 편이에요. 달걀 껍데기는 아주 얇지만 엄마 닭이 올라가서 품어도 깨지지 않을 만큼 튼튼하답니다.

달걀 속에서 병아리가 자라면 껍데기 안쪽에서 칼슘이 녹아 나와서 병아리의 뼈를 만드는 재료로 쓰여요. 칼슘이 녹으면서 껍데기가 점점 약해지다가 병아리가 다 커서 부화할 때 즈음에는 가장 약해지지요. 달걀 껍데기에는 7,000~17,000여 개의 아주 작은 구멍도 있어요. 이 구멍은 병아리가 달걀 속에서 자라는 동안 숨을 쉴 수 있게 해준답니다.

달걀의 구조

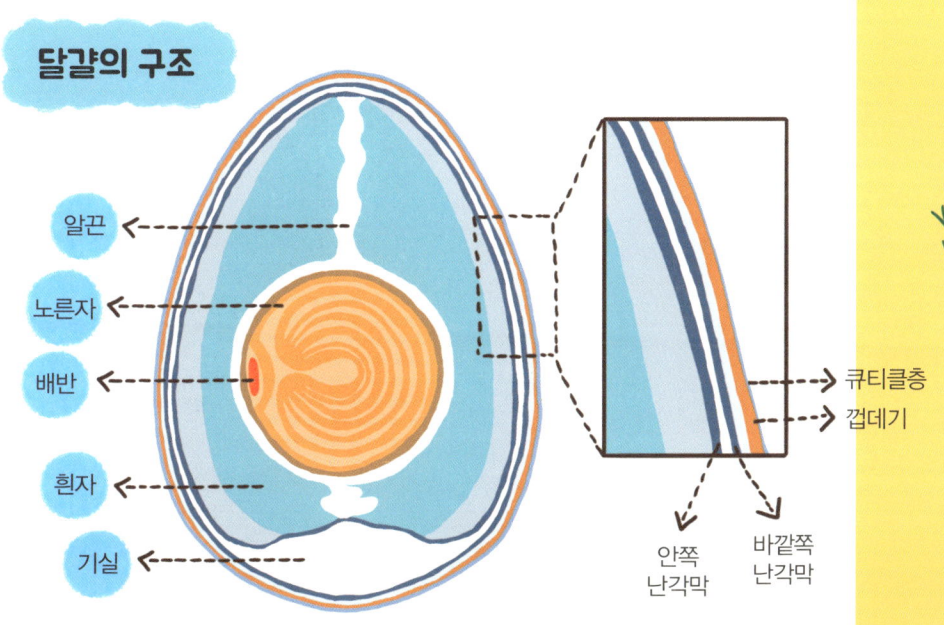

상식 쌓기

기실은 달걀이 오래될수록 점점 커져요. 병아리는 알에서 깨어나기 전에 난각막에 구멍을 뚫고 기실의 공기를 이용해 첫 폐호흡을 하게 된답니다.

깨진 달걀 껍데기를 조금 더 자세하게 들여다 볼까요? 껍데기 안쪽에 붙어 있는 얇고 반투명한 막을 볼 수 있을 거예요. 이 막은 '난각막'이라고 부르는데, 2개의 막으로 되어 있어요. 얇은 막을 손으로 살살 벗겨 보면 확인할 수 있답니다. 난각막은 미생물이 달걀 껍데기를 넘어 들어와도 더 안쪽으로는 못 들어오게 막아줘요. 또 안쪽과 바깥쪽 막 사이에 공기를 품은 공간을 달걀의 아래 둥근 부분에 만들지요. 이 부분을 '기실'이라고 해요. 달걀의 둥근쪽 난각막을 눌러보면 기실을 느낄 수 있을 거예요. 삶은 달걀을 벗겨 흰자를 살펴보면 더 확실하게 알 수 있어요. 기실이 있는 부분의 흰자가 둥그렇게 눌려 있는 모습을 볼 수 있거든요.

이제 접시에 담긴 흰자를 살펴봐요. 흰자는 90%의 물과 10%의 단백질로 이루어져 있어요. 흰자는 병아리가 자랄 때 필요한 물과 단백질을 주고, 달걀이 구를 때 병아리가 받는 충격을 줄여줘요. 또

농후난백

기실

난각막

수양난백

44

노른자와 흰자로 뭘 만들지? **70쪽으로 GO!**

흰자에는 미생물을 죽일 수 있는 '라이소자임' 같은 단백질도 100가지 이상 들어 있어요. 그래서 병아리를 병들게 할 수 있는 미생물의 침입을 막아 준답니다.

알끈

흰자를 좀 더 자세히 들여다보면 볼록하게 솟은 흰자와 아래로 넓게 퍼져 있는 흰자가 있다는 사실을 알 수 있을 거예요. 흰자는 끈끈한 '농후난백'과 묽은 '수양난백'으로 구성되어 있거든요. 또 노른자 주변에서는 하얀 덩어리 같은 '알끈'을 볼 수 있어요. 알끈은 노른자가 흰자 가운데에 매달려 있도록 붙잡는 역할을 해요.

이제 노른자를 살펴볼까요? 노른자는 약 50%의 수분과 약 30%의 지방 그리고 약 17%의 단백질 등으로 이뤄져 있어요. 노른자를 자세히 보면 작은 흰점이 있는데, 이 부분이 병아리로 자라는 '배반'이지요. 노른자의 나머지 부분은 배반이 병아리로 자라는 데 필요한 영양분이 된답니다. 노른자가 여러 겹으로 이루어져 있는 건 엄마 닭의 배 속에서 노른자가 만들어질 때 노른자가 조금씩 늘어나면서 커진 흔적이 남아서예요.

내 껍데기에 구멍이 있다니!

달걀의 흰자에 진갈색의 점이나 덩어리가 보이기도 하는데, 병아리로 자라는 부분이 아니라 엄마 닭의 몸에서 떨어져 나와 달걀 속으로 들어간 조직이에요. '육반'이라고 부르지요. 육반이 있다고 해서 상한 달걀은 아니며, 먹어도 크게 문제가 없답니다.

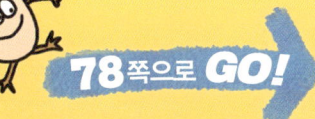

신비한 달걀 껍데기, 버리지 않고 쓸 수는 없을까? 78쪽으로 GO!

7 달걀에서 어떻게 병아리가 자랄까?

아빠 닭과 엄마 닭이 짝짓기를 해 만든 '유정란'에서만 병아리가 태어날 수 있어요. 병아리는 21일이라는 짧은 시간 동안 작은 점에서 달걀을 꽉 채울만큼 커진답니다.

엄마 닭이 유정란을 21일 동안 따뜻하게 품으면 노른자의 배반은 점점 성장해 병아리가 되어요. 수정된 노른자의 배반은 난관을 지나는 동안 여러 번의 세포분열을 거쳐요. 그래서 엄마 닭이 달걀을 낳을 때에는 배반이 이미 수천 개의 세포로 나뉘어져 있어요. 그리고 이 세포들은 하루가 다르게 모습을 갖춰가며 병아리로 자란답니다.

유정란과 무정란의 차이. 유정란(오른쪽)의 배반은 원이 두겹이다.

유정란과 무정란을 구별해 보자.

엄마 닭이 되어 보자!

사람이 엄마 닭처럼 달걀을 보살피면 병아리를 부화시킬 수 있어요. 이렇게 온도와 습도를 조절해 사람의 손으로 달걀을 부화시키는 것은 '인공부화'라고 해요. 꽤 힘든 일이긴 하지만 우리도 집에서 할 수 있답니다. 병아리를 부화시키는 것은 생명을 탄생시키고 그 이후까지 책임을 져야하는 일이기 때문에 신중하게 생각하고 시작하세요!

1 먼저 유정란이 필요해요. 마트에서 파는 유정란에서도 병아리가 태어날 수 있답니다.

2 적절한 온도와 습도를 맞춰줄 수 있는 부화기가 필요해요. 시중에 파는 부화기를 이용할 수도 있고, 온도를 유지시킬 수 있는 스티로폼 상자에 열을 내는 백열전구와 온도조절기를 달아 부화기를 직접 만들 수도 있어요.

3 병아리가 자라기 가장 좋은 온도는 37.5℃, 습도는 70%예요. 온도와 습도가 너무 낮거나 높으면 달걀 속에서 병아리가 제대로 자라지 못해요. 또 달걀에 물이 직접 닿게 해서는 안 된답니다.

4 하루에 최소 4번, 약 6시간마다 한 번씩 알을 굴려 주세요. 이때 알을 180도 굴려 줘야 해요. 잘 굴려 줘야 튼튼한 병아리가 태어날 수 있답니다. 단 알은 18일까지만 굴리고 19일째부터는 굴리지 마세요.

5 알이 잘 자라는지 확인하기 위해 '검란'을 해요. 검란은 밝은 빛을 비춰 달걀 속 병아리가 제대로 잘 자라는지 살펴보는 일이에요. 부화기에 알을 넣은 뒤 4~5일에 1차, 12~14일에 2차, 18일에 3차 검란을 하면 된답니다.

검란하는 모습

집에서도 할 수 있으니 도전!

6 21일이 지나 병아리가 다 자랐다고 해도 달걀 껍데기를 깨서 강제로 부화시켜서는 안 되요! 병아리 스스로 알을 깨고 나올 수 있게 해야 건강한 병아리로 자라요.

배반이 어떻게 21일만에 병아리가 되는지 매일매일 함께 살펴봐요!

1 세포가 계속 분열하면서 혈관과 심장을 만들고 있어요.

2 심장과 혈관이 생기고, 심장이 뛰면서 피가 혈관으로 흘러요. 또 척추와 신경조직, 소화기관 등이 생기기 시작해요.

3 아주 작지만 머리와 몸은 물론 귀와 코, 다리, 날개도 생기기 시작해요.

7 몸이 더 커지면서 날개와 다리를 뚜렷하게 볼 수 있어요. 머리에 작은 볏도 생기기 시작해요.

8 부리가 만들어지기 시작해요. 날개와 다리가 점점 더 완벽한 모습으로 발달해요.

9 발가락이 만들어지고 위에 근육이 생기는 등 장기들이 점점 더 제 모습을 갖춰요.

13 몸의 대부분이 솜털과 깃털로 덮여 있어요. 장기들이 필요한 크기로 자라요.

14 노른자는 점점 더 작아져요. 병아리는 몸무게가 약 10g으로 자랐어요.

15 부리를 움직일 수 있어요. 머리가 회전해서 달걀 속 공기 주머니인 기실로 향해요.

19 병아리의 몸무게가 약 25g이 되었어요. 병아리가 부리로 기실을 뚫어 폐호흡을 시작해요.

20 병아리의 몸무게가 약 30g이 되었어요. 기실을 제외한 모든 부분을 차지할 정도로 커졌지요. 노른자는 병아리의 배 속으로 완전히 들어갔어요.

21 병아리가 부리로 달걀 껍데기를 쪼아 깨기 시작해요. 껍데기를 모두 깨고 나오기까지 10~20시간이 걸려요.

사람 아기도 병아리처럼 자랄까? 52쪽으로 GO!

4 뇌가 점점 발달해서 전뇌, 중뇌, 후뇌로 나뉘어요. 심장은 더욱 커지고 노른자에 혈관이 넓게 발달해 있어요.	**5** 병아리의 얼굴과 까만 눈, 몸이 형태를 갖추기 시작해요. 노른자에 생긴 혈관을 통해 숨을 쉬고 에너지를 흡수해요.	**6** 1cm 정도 되는 병아리를 볼 수 있어요. 작은 병아리는 스스로 움직이기도 해요.
10 깃털이 자라기 시작해요. 작지만 병아리에 가까운 모습을 하고 있어요.	**11** 병아리의 영양분이 되는 노른자가 점점 작아져요. 날개에도 깃털이 자라요.	**12** 병아리의 몸무게가 5g 정도 되었어요. 뼈가 단단해지기 시작해요.
16 병아리의 몸무게가 약 15g이 되었어요. 흰자는 병아리의 영양분으로 거의 다 사용되었고, 작아진 노른자가 배 부분에 매달려 있어요.	**17**  폐와 혈관이 완성되어 숨을 쉴 준비가 되었어요. 부리가 기실에 닿아 있어요.	**18** 병아리의 몸무게가 약 20g이 되었어요. 노른자가 병아리의 배 속으로 들어가기 시작해요. 배 속의 노른자는 부화 후에도 며칠 동안 성장에 필요한 영양분이 되어줘요.

닭이 달걀을 낳고 달걀에서 닭이 자라고, 도대체 뭐가 먼저야? **84쪽으로 GO!**

8 병아리는 달걀 밖으로 어떻게 나올까?

엄마 닭이 달걀을 품은 지 21일째! 달걀이 흔들흔들 움직이기도 하고, 삐약삐약 울음소리가 들리기도 하네요. 바로 병아리가 달걀 껍데기를 부수고 부화할 준비가 되었다는 신호랍니다.

달걀 껍데기는 병아리가 부화하기 직전에 가장 약해져요. 하지만 아무리 약해졌다고 해도 작은 병아리가 어떻게 껍데기를 깨고 나올 수 있는 걸까요? 달걀 속 병아리는 달걀 껍데기를 깨고 나오기 위해 특별한 이빨을 가지고 있어요. 바로 부리에 있는 '난치'랍니다. 난치는 부리 윗부분에 볼록하게 붙어 있는데, 부리보다 훨씬 단단해서 껍데기를 잘 깰 수 있어요. 부화한 지 1~2일이 지나면 떨어지기 때문에 닭에서는 볼 수 없는 부분이지요.

난치가 단단하다고는 해도 병아리가 10~20분을 쪼아야 겨우 달걀

부리의 난치

껍데기에 작은 구멍을 낼 수 있어요. 이때 달걀 속 병아리는 몸이 아주 커져서 머리를 오른쪽 날개 밑에 파묻고 다리를 머리 위로 올린 채 몸을 둥글게 말고 있어요. 이런 자세로 힘겹게 달걀 껍데기를 쪼는 거예요.

달걀의 중간 부분에 작은 구멍을 내면 병아리는 구멍으로 들어온 공기로 숨을 쉬어요. 달걀 밖의 공기로는 처음 숨을 쉬는 것이죠. 이제 병아리는 몸을 돌리면서 난치로 껍데기를 계속 쪼아 시계 반대 방향으로 둥글게 껍데기를 깨어가요. 다리와 어깨로도 달걀 껍데기를 계속 밀어요. 병아리의 힘으로 껍데기를 열 수 있을 만큼 충분히 구멍이 생기면 드디어 병아리가 부화하게 되는 거예요.

병아리가 부화하는 과정은 보통 10~20시간이나 걸려요. 정말 온 힘을 다해 달걀 껍데기를 부수고 나오는 것이죠. 병아리가 처음 부화했을 때는 깃털이 온통 젖어 있어서 우리가 생각하는 병아리와는 조금 달라요. 1~2시간 정도 몸을 말려야 비로소 뽀송뽀송하고 귀여운 병아리의 모습을 볼 수 있답니다.

갓 부화한 병아리는 달걀 껍데기를 깨고 나오는데 너무 많은 힘을 썼기 때문에 하루 정도는 아무것도 먹지 않고 잠만 자요. 하지만 걱정하지 않아도 되어요. 병아리가 달걀 속에서 자라면서 영양분으로 쓰고도 남아 있는 노른자가 병아리의 배 속에 있거든요. 병아리 배 속의 노른자는 부화한 뒤 약 3일 동안 병아리의 영양분이 되어 준답니다.

병아리처럼 알에서 태어난 사람이 있다면? **120쪽으로 GO!**

병아리는 난치 말고 다른 이빨도 있을까? **90쪽으로 GO!**

9 사람은 병아리와 뭐가 다를까?

가장 큰 차이점은 태어나는 '장소'예요. 병아리는 알에서 자라서 깨어나는 반면 사람은 엄마 배 속에서 자란 뒤 태어난답니다.

단어 풀이

착상은 수정란이 자궁 벽에 달라붙어 엄마로부터 산소와 영양분을 받을 수 있는 상태를 말해요.

　암탉의 몸속에서 암탉의 난자와 수탉의 정자가 만나면 수정이 되고, 수정란으로 변해요. 수정란은 엄마 닭의 몸속에서 달걀이 되고, 엄마 닭은 달걀을 낳아요. 수정된 달걀을 엄마 닭이 21일 동안 따뜻하게 품으면 병아리가 부화하지요. 사람도 엄마의 몸속에서 엄마의 난자와 아빠의 정자가 만나 수정란이 되어요. 하지만 이 수정란은 알이 아닌 엄마 배 속의 자궁에 붙은 뒤(**착상**) 평균 266일 동안 머물면서 아기로 자란답니다.

　병아리는 달걀 속 노른자와 흰자의 영양분으로 자라요. 달걀 속 병아리는 노른자에 넓게 핏줄을 만들어서 영양분을 흡수하지요. 반면 사람의 태아는 엄마의 자궁과 연결된 태반을 만들고, 태반과 연결된 탯줄을 통해 영양분을 받아 자라요. 수정란 때 0.0002g이던 병아리는 평균 33g으로 태어나요. 이보다 더 작은

○ 사람의 배아

○ 병아리의 배아

둘이 닮았어!

크기인 0.000001g에 불과한 사람의 수정란은 무려 30억 배가 넘게 자라서, 평균 3.23kg의 아기로 태어난답니다.

병아리와 사람은 서로 아주 비슷할 때도 있어요. 병아리와 사람의 수정란은 둘 다 자라 배아가 되는데, 초기의 배아는 서로 닮았답니다. 위에 있는 사진을 보면 알 수 있듯이, 언뜻 보면 누가 누구인지 전혀 구분이 안 갈 정도지요. 이 둘 외에도 양서류, 파충류, 조류, 포유류 등 척추동물의 초기 배아는 서로 비슷한 점이 아주 많아요. 다들 큰 머리에 긴 꼬리가 달려 있는 올챙이 같은 형태를 하고 있지요. 척추동물의 수정란이 하나의 세포에서 시작해 다양한 형태의 조직과 기관으로 변해가는 과정이 서로 비슷하기 때문이에요. 물론 배아가 어느 정도 발달한 뒤에는 서로 완전히 다른 모습으로 자라게 된답니다.

상식 쌓기

병아리의 21일에 비하면 사람의 임신 기간 266일은 엄청나게 긴 시간이에요. 그런데 사람보다 훨씬 오랫동안 새끼를 품는 포유류도 있답니다. 고래나 말은 약 300~330일간 새끼를 품어요. 기린은 420일 동안 임신하지요. 이 분야 최고 기록 소유자인 코끼리는 무려 600일 넘게 새끼를 품어요.

이번에는 엄마 배 속에서 아기가 어떻게 자라는지 알아볼까요?

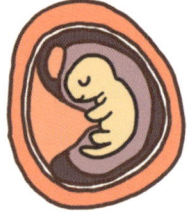

1~2주 수정과 착상

엄마의 난소에서 나온 난자는 '나팔관'이라고 불리는 관에서 아빠의 정자를 만나 수정이 되고, 수정란이 되어요. 수정란은 세포분열을 계속하면서 천천히 자궁 안쪽으로 이동하지요. 수정이 된 지 7~10일이 지나면 자궁 안쪽에 붙는 '착상'을 해요. 수정란은 계속 세포분열을 하고 있지만 착상될 때의 크기는 1mm 정도로 아주 작아요.

3~8주 배아 시기

수정란이 자궁벽에 자리를 잡은 뒤에는 '배아'라고 불러요. 둥근 세포 덩어리였던 배아는 수정된 지 4주 정도가 지나면 길이 2mm 정도의 물고기와 같은 모습으로 바뀌어요. 8주가 되면 약 2.5cm로 크면서 꼬리가 없어지고 팔다리가 생겨 사람과 비슷한 모습이 된답니다.

병아리의 성장 과정이 궁금하다면?  46쪽으로 GO!

9~11주 태아로 성장

수정된 지 9주가 되면 배아가 아닌 '태아'라고 불러요. 태아는 조금씩 커지면서 몸속 장기가 발달해요. 팔다리도 길쭉길쭉해지고 손가락과 발가락, 입술과 눈꺼풀 등 복잡한 기관도 만들어져요.

12~28주 쑥쑥 자라기

임신 12주가 되면 여자인지 남자인지 구별할 수 있으며, 16주가 되면 태아의 움직임을 엄마가 느낄 수 있어요. 태아는 양수를 마시고 오줌을 누고, 손가락을 빨거나 딸꾹질을 하기도 해요. 귀와 뇌가 발달하면서 엄마와 아빠의 목소리를 듣고 다른 사람과 구별도 할 수 있어요.

28~38주 태어날 준비

위로 향해 있던 머리가 아래로 향하게 되어요. 폐 아래쪽에 있는 횡격막으로 호흡 연습을 하는데, 공기가 아니라 액체인 양수가 폐를 드나들게 되지요. 35주쯤 되면 태아의 폐가 거의 완성되어서 공기로도 숨을 쉴 수 있을 정도예요. 37주가 지나면 조금 빠르게 태어나도 문제 되지 않을 정도로 모든 준비가 끝난답니다.

다른 동물들은 어떻게 태어날까? **28쪽으로 GO!**

달걀로 만드는 대륙

10 달걀은 왜 맛있을까?

사람들은 달걀을 아주 많이 먹어요. 싸고 맛있고 영양가도 높기 때문이에요. 재미있는 사실이 있어요. 달걀이 맛있는 이유도 영양이 많기 때문이랍니다.

영양가가 높은 거랑 맛이랑 무슨 상관일까?

2016년 농림축산식품부의 통계자료에 따르면, 우리나라의 달걀 소비량은 연간 135억 5,600만 개로, 1인당 연간 평균 소비량이 268개나 되지요. 여러분 집의 냉장고에도 아마 늘 달걀이 있을 거예요.

그럼 달걀은 얼마나 영양가가 높을까요? 달걀은 흔히 '완전식품'이라고 불려요. 가격에 비해 가장 많은 영양소를 가지고 있는 식품이라고도 하지요. 작은 세포덩어리인 배반이 병아리로 자라는 데 필요한 모든 영양분이 들어 있기 때문이에요. 달걀 1개 (50g)의 열량은 80kcal로 단백질과 지방, 무기질, 비타민 등 성장과 생명 유지에 필요한 영양소가 골고루 들어 있답니다.

특히 달걀의 단백질에는 필수아미노산이 들어 있어요. 필수아미노산은 몸에서 만들 수 없어서 꼭 식품으로 먹어야만 하는 아미노산이에요. 또 달걀에 들어 있는 '콜린'은 기억력과 집중력을 높여요. '루테인'은 시력에, 비타민 D는 뼈 건강에 좋지요.

그런데 맛과 영양은 밀접한 관계가 있어요. 사람은 단맛, 신맛, 짠맛, 쓴맛, 감칠맛 이렇게 5가지 맛을 느낄 수 있어요. 교과서에는 나오지 않지만, 최근에는 사람이 지방맛이나 칼슘맛 등도 느낄 수 있다는 연구 결과가 나오고 있지요. 게다가 소화 기관도 맛을 느낄 수 있는 것으로 밝혀졌어요. 위나 장 같은 소화기관에도 혀처럼 맛을 느끼는 **수용체**가 있거든요.

사람이 이렇게 맛을 느끼는 이유는 음식에 영양분이 있는지, 먹어서는 안 되는 음식은 아닌지 알기 위해서예요. 단맛은 음식 속 탄수화물을, 감칠맛은 단백질을, 짠맛은 나트륨을 알려줘요. 신맛은 상한 음식이라는 걸 알려주지만, 단맛과 섞이면 과일처럼 새콤달콤한 음식이라는 정보를 주기도 하지요. 쓴맛은 음식에 독이 있다는 정보를 줘요. 그래서 쓴 약은 삼키기 힘든 거예요. 결국 달걀은 우리 몸에 필요한 영양소가 많고, 이 영양소를 우리가 맛으로 느끼기 때문에 맛있답니다.

달걀에 콜레스테롤이 많이 들어 있다는 이유로 한동안 적게 먹어야 하는 음식으로 분류된 적이 있어요. 콜레스테롤이 당뇨병이나 심장, 혈관 관련 질환 등 성인병의 위험을 높이거든요.

단어풀이

수용체란 자극을 받아들이는 기관이에요. 눈, 귀, 코, 혀 등과 같은 감각기에 많이 있지요.

하지만 최근 연구 결과, 달걀이 몸속 콜레스테롤을 높이지는 않는 것으로 나타났어요. 사람은 70~80%의 콜레스테롤을 간에서 만들고 나머지 20%를 음식을 통해 섭취해요. 음식으로 먹은 콜레스테롤이 너무 많으면 간에서 만드는 콜레스테롤 양을 줄이기 때문에 음식 속 콜레스테롤이 몸속 콜레스테롤을 높이지는 않는 것이죠. 그래서 건강한 사람이라면 하루에 달걀 2개 정도는 마음껏 먹어도 된답니다. 또 매일매일 달걀을 먹는 것이 오히려 건강에 도움이 될 수 있어요. 달걀에 들어 있는 '레시틴'은 콜레스테롤 수치를 떨어뜨리는 역할을 하거든요.

다른 새의 알도 달걀과 맛이 비슷해요. 하지만 달걀과 완전히 똑같은 맛은 아니랍니다. 알 속에 들어 있는 성분의 양에 따라 맛이 조금씩 다르게 느껴지거든요. 예를 들어 알 속의 노른자가 커서 달걀보다 지방이 더 많이 들어 있으면 좀 더 고소하

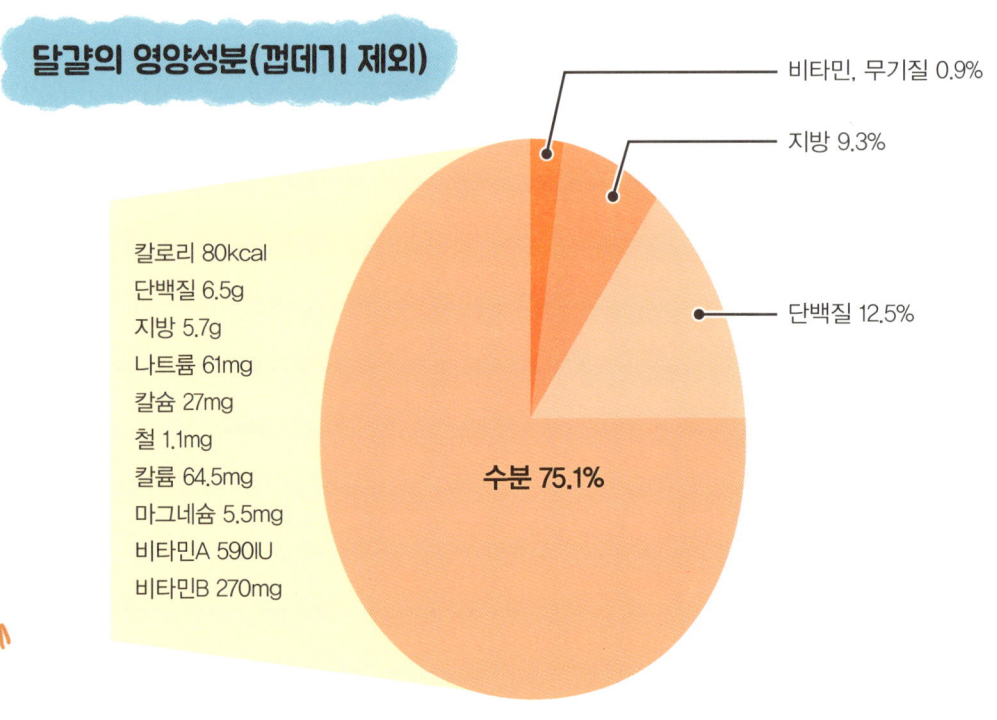

달걀의 영양성분(껍데기 제외)

칼로리 80kcal
단백질 6.5g
지방 5.7g
나트륨 61mg
칼슘 27mg
철 1.1mg
칼륨 64.5mg
마그네슘 5.5mg
비타민A 590IU
비타민B 270mg

비타민, 무기질 0.9%
지방 9.3%
단백질 12.5%
수분 75.1%

달걀로 멋진 요리를 만들고 싶다면? 70쪽으로 GO!

게 느껴진답니다.

흥미로운 점은 알 속에서 노른자가 차지하는 비율이 높을수록 부화할 때 아기 새가 더 많이 자라 있다는 거예요. 알에 비해 노른자가 작으면 털이 없고 몸을 잘 가누지 못하며 눈도 보이지 않는 덜 자란 아기 새가 부화해요. 반대로 알에 비해 노른자가 크면 온몸에 털이 다 자란 것은 물론 태어나자마자 걷고 스스로 먹이를 먹을 수도 있지요. 달걀은 다른 새의 알에 비해 노른자가 커서 병아리는 태어나자마자 뽀송뽀송 귀여운 생김새로 활발하게 움직일 수 있답니다.

노른자 비율과 부화할 때 새끼의 상태

- 20% → 개개비
- 30% → 갈매기
- 40% → 오리
- 50% → 무덤새
- 70% → 키위새

새의 알은 모두 영양이 풍부하대.

11 달걀을 익히면 왜 단단해질까?

주르륵 흐르는 흰자와 노른자는 익히면 단단한 고체로 변해요. 부드러운 달걀찜이 되거나 탱글탱글한 삶은 달걀이 되지요. 그런데 달걀은 왜 익히면 상태가 변하는 걸까요?

 **단어풀이**

응고란 액체가 굳어 단단한 고체가 되는 현상을 말해요.

그 이유는 달걀 속 단백질이 익으면서 변하기 때문이에요. 단백질은 열을 가하면 **응고**되거든요. 단백질은 아미노산 분자들이 만들어요. 아미노산 분자들이 나란히 붙어 사슬 모양을 만들고, 이 사슬들이 접히거나 꼬여서 3차원 구조를 만들면 단백질이라고 부른답니다.

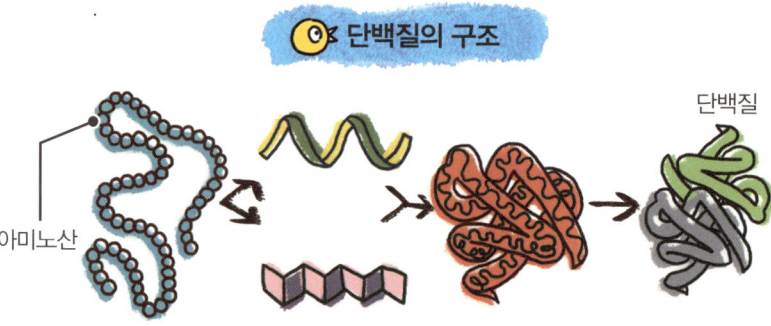

단백질의 구조

그런데 단백질이 열을 받으면 단백질 분자들의 결합이 끊어졌다가 다시 복잡하게 결합하면서 뒤엉켜 단단하게 응고되어요. 열을 받을수록 더 많이 결합하면서 더 단단해지는 거죠. 대부분 달걀 흰자는 63℃, 노른자는 68℃ 이상에서 익기 시작해요.

단백질에 열을 가하면 응고가 된다는 점을 이용해 다양한 달걀 요리를 만들 수 있어요. 특히 삶은 달걀은 삶는 시간만 잘 조절해도 맛있는 달걀 요리가 완성된답니다.

예를 들어 물에 달걀을 넣어 삶을 때, 삶는 시간에 따라 노른자가 부드러운 크림 상태인 반숙을 만들거나 노른자까지 완전하게 익은 완숙 달걀을 만들 수 있어요. 아래 사진을 보고 삶는 시간을 정해서 여러분에게 가장 맛있는 삶은 달걀을 만들어 보세요. 여러 개를 한꺼번에 삶다가 중간에 몇 개를 꺼내고 절반은 반숙으로, 또 절반은 완숙으로 삶아 보는 것도 재미있어요.

너무 오래 삶으면 노른자 색이 변해.

삶는 시간에 따른 달걀 익힘 정도

0분 1분 2분 3분 5분

7분 9분 11분 13분 15분

 상식 쌓기

신선한 달걀 고르기

달걀을 깨뜨렸을 때 노른자가 높이 솟아오르고 흰자가 노른자 근처에 모여 있으면 신선하다는 증거예요. 하지만 마트에서 달걀을 살 때는 겉모습만 봐야하니까 얼마나 신선한지 알기가 쉽지 않아요. 그러니 꼭 유통기한을 확인하고 구입하도록 해요. 또 구입한 달걀은 씻지 말고 보관하세요. 달걀을 씻으면 미생물을 막는 큐티클층이 씻겨 사라지거든요. 보관온도는 0~4℃로 냉장고 속이 적당해요. 냉장고에 달걀을 넣을 때는 뾰족한 쪽이 아래로, 둥근 쪽이 위로 향하게 두는 것이 좋아요. 둥근 쪽에 있는 기실로 공기가 드나들며 신선함을 유지할 수 있기 때문이에요.

과학자가 찾아낸 맛있는 달걀 삶는 비법도 있어요. 바로 '달걀 삶는 시간 공식'! 영국 엑서터대학교의 물리학자 찰스 윌리엄스 박사는 달걀을 가장 맛있게 삶는 시간 공식을 만들고 이를 유명한 과학 잡지〈뉴사이언티스트〉에 소개했어요. 식이 너무 복잡하기 때문에 미리 계산해 둔 삶는 시간만 알려줄게요. 냉장고에서 바로 꺼낸 온도 4℃에 무게 57g인 중간 크기 달걀은 끓는 물에 4분 30초 동안 삶으면 가장 맛있어요. 똑같이 냉장고에서 바로 꺼낸 온도 4℃에

요리와 수학의 결합도 멋지다!

64

크기만 좀 더 작은 무게 47g짜리 달걀은 4분, 67g으로 큰 달걀이라면 5분 동안 삶으면 되지요. 이 시간 동안 달걀을 삶으면 달걀의 단백질이 부드럽게 응고하기 때문에 너무 단단하지 않으면서도 적당히 익은 맛있는 삶은 달걀을 만들 수 있답니다.

　달걀을 간편하게 익히기 위해 전자레인지를 사용하다가 달걀이 폭탄처럼 터지는 일이 생기기도 해요. 그래서 조심해야 한답니다. 달걀을 껍데기째로 넣으면 종종 일어나는 일이지요. 실제로 지난 2004년 영국에서 9살 어린이가 달걀을 껍데기째 전자레인지에 넣어 익히다가 달걀이 폭발하면서 튄 껍데기 파편에 눈을 찔려 실명 위기에 처하는 사건이 발생하기도 했어요. 달걀을 깨뜨려 넣어도 노른자에 구멍을 내지 않으면 '펑' 하고 터져 버리니 주의!

　달걀을 전자레인지로 익히면 터지는 이유는 무엇일까요? 먼저 전자레인지가 어떻게 음식을 익히는지 원리부터 알려 줄게요. 전자레인지에서는 우리가 일상에서 쓰는 것과 다른 주파수를 가진 '전자기파'가 나와서 물 분자를 흔들어요. 그러면 물 분자끼리 서로 부딪히면서 열이 발생해 뜨거워지지요.

　전자레인지로 달걀을 익히면 달걀 속 수분이 아주 빠른 속도로 수증기로 변해요. 물이 수증기로 변하면 부피가 1600배로 엄청나게 늘어나지요. 이 수증기가 달걀 껍데기와 노른자를 감싼 흰자 때문에 밖으로 빠져나가지 못해서, 압력이 매우 높아지다가 결국 터지게 되는 거예요. 달걀뿐만 아니라 오징어나 문어, 조개, 새우, 소시지 같이 표면에 질긴 껍질이나 단단한 껍데기가 있는 음식은 전자레인지로 익히면 폭발할 수 있으니 조심해야 해요. 또 전자레인지에 금속을 넣으면 불꽃이 생기면서 불이

달걀을 요리할 땐 꼭 어른과 함께하기!

날 수 있으니 주의하세요!

달걀의 단백질은 익히는 것 외에도 다양한 방법으로 단단하게 만들 수 있답니다. 단백질은 산이나 이온, 알코올에 의해서도 응고되거든요. 산은 쉽게 말하면 새콤한 맛을 내는 식초 같은 물질이에요. 과학적으로는 물에 녹았을 때 이온으로 변하며 수소 이온(H^+)을 내놓는 물질을 말해요. 산은 물질이 산성인지 염기성인지 나타내는 'pH(페하)' 지수가 7보다 작답니다. 숫자가 작을수록 더 많은 수소 이온을 내어놓은 강산이지요. 이온은 전자를 잃거나 얻어 전하를 띠는 원자예요. 소금(NaCl)을 물에 녹이면 나트륨 이온(Na^+)과 염화 이온(Cl^-)이 되지요. 알코올은 술이나 소독약에 들어 있는 성분이에요. 톡 쏘는 냄새가 나고 쉽게 증발해 버리지요.

달걀이나 우유, 생선 같이 단백질이 풍부한 재료를 요리할 때 이렇게 단백질이 열이나 산, 이온, 알코올에 응고되는 현상을 많이 이용한답니다. 예를 들어 리코타 치즈는 우유에 레몬즙이나 식초 같은 산성 물질을 넣어 단백질을 응고시켜 만들어요. 생선에 소금이나 식초, 알코올을 뿌리면 생선 표면의 단백질이 응고되면서 비린내가 없어진답니다.

이런 다양한 방법들로 단백질을 단단하게 응고시킨 뒤, 다시 액체로 만들 수 있을까요? 예를 들면 삶은 달걀을 다시 날달걀로 되돌리는 방법 말이에요. 놀랍게도 마법사가 아닌 과학자가

산성인 식초나 레몬즙으로 우유 속 단백질을 응고시켜 만드는 리코타 치즈

껍데기도 다른 물질로 바뀐다면? 80쪽으로 GO!

삶은 달걀을 날달걀로 만드는 방법을 찾아냈어요. 미국 캘리포니아주립대학교의 그레고리 와이즈 교수와 호주 플린더스대학교의 콜린 래스턴 교수 연구팀은 90℃의 끓는 물에서 20분 동안 삶은 달걀의 흰자를 다시 액체 상태로 만들었어요. 열로 서로 엉켜 응고한 단백질을 기계 장치로 다시 풀어 액체 상태로 바꾼 거예요. 연구팀은 이 기술로 지난 2015년에 '이그노벨상'을 받았어요. 이그노벨상은 다시 할 수도 없고 해서도 안 되는 재미있고 기발한 연구나 업적에 주는 상이에요. 그래도 삶은 달걀을 날달걀로, 그러니까 변형된 단백질을 다시 되돌리는 이 기술은 식품 가공이나 의약품 개발, 암 연구에 큰 도움이 될 거라는 기대를 모으고 있답니다.

삶은 달걀을 날달걀로 되돌리는 장치를 든 콜린 래스턴 교수

12 찜질방 달걀은 왜 갈색일까?

달걀 흰자는 익으면 하얗게 변하기 때문에 흰자라고 불러요. 그런데 찜질방에서 파는 달걀은 삶은 달걀과 다르게 흰자가 갈색이에요. 왜일까요?

흰자가 갈색인 달걀은 맥반석 달걀이나 훈제 달걀, 구운 달걀이라고 불러요. 맥반석 달걀은 '맥반석'이라는 돌로 익히고, 훈제 달걀은 연기로 익혀요. 구운 달걀은 불에 직접 굽는 것이 아니라 냄비에 넣어 물 없이 굽는답니다.

이런 방법들로 달걀을 조리하면 삶을 때와는 다른 화학 반응이 일어나요. 바로 '마이야르 반응'이지요. 130~200℃ 사이에서 당분과 아미노산이 반응을 일으켜 갈색의 '멜라노이딘'을 만드는 반응이에요. 그러면서 달콤하면서도 구수한 맛과 향이 나게 되지요. 찜질방 달걀도 마이야르 반응을 이용해 흰자를 독특한 향과 맛이 나는 갈색 물질로 만든 거예요. 고기나 빵을 구울 때, 음식을 볶을 때 등 노릇노릇하고 향긋하게 요리할 때는 모두 마이야르 반응이 일어난답니다.
　마이야르 반응은 1912년 프랑스 생화학자 루이 카미유 마이야르가 발견했어요. 그는 세포 속에서 아미노산과 당이 서로 반응하는 과정을 연구했지요. 나중에 음식을 요리할 때도 같은 반응이 일어난다는 것이 알려져 그의 이름을 붙이게 되었어요. 마이야르 반응으로 만들어지는 분자는 1,000가지 이상이에요. 그만큼 복잡하고 다양한 반응이 일어난다는 의미지요. 그래서 음식의 재료는 물론 요리하는 온도와 환경에 따라 음식의 맛과 향이 다양하게 변하는 거랍니다.

빵이 갈색으로 변하면서 맛있어지는 것은 마이야르 반응 때문이다.

　달걀을 삶을 때는 마이야르 반응이 일어나지 않아요. 삶거나 끓이는 것처럼 물로 조리할 때는 온도가 100℃ 위로 올라가지 않기 때문이지요. 하지만 마이야르 반응이 높은 온도에서만 일어나는 것은 아니에요. 간장이나 된장을 만들 때에도 마이야르 반응이 일어나거든요. 열이 부족하면 아주 천천히 반응이 일어나기 때문에 오랫동안 숙성하는 과정이 필요해요. 마이야르 반응은 음식을 더 맛있게 만들지만 발암물질을 만들기도 해요. 예를 들어 너무 익어서 탄 고기에는 마이야르 반응으로 생긴 발암물질이 들어 있어요. 요리할 때 온도가 너무 높이 올라가면 마이야르 반응으로 벤조피렌이나 헤테로사이클아민, 아크릴아마이드 같이 이름만 들어도 어지러운 여러 발암물질이 만들어지니 조심해야 한답니다.

마이야르 반응이 일어난 달걀은 화석처럼 보여! **94**쪽으로 **GO!**

13 흰자와 노른자 요리는 서로 다르다?

달걀로 요리를 할 때 흰자와 노른자를 분리하는 경우가 있어요. 특히 빵이나 과자를 구울 때 그렇지요. 흰자와 노른자의 특성이 다르기 때문이랍니다.

달걀 흰자는 달콤하고 바삭하면서도 쫀득한 마카롱과 머랭 과자를 만드는 주인공 재료예요. 마카롱과 머랭 과자는 흰자로 거품을 낸 뒤, 설탕과 향료를 넣고 구워서 만들거든요. 흰자가 만드는 구름같이 부드러운 거품 덕분에 마카롱이나 머랭 과자처럼 바삭바삭하지만 입안에서 사르르 녹는 식감의 음식을 만들 수 있답니다.

어떻게 흰자가 거품을 만들 수 있을까요? 앞에서 흰자는 90%의 물과 10%의 단백질로 구성되어 있다고 했어요. 이 단백질이 거품을 만드는 재료예요. 흰자를 거품기로 빠르게 휘저으면 단백질 덩어리가 풀려요. 계속 저으면 단백질이 공기를 감싼 채 다시 덩어리가 되면서 부드러운 거품이 된답니다. 이때 단백질을 구성하는 아미노산 중에서 물을 좋아하는 '친수성 아미노산'

은 달걀 흰자의 물과 결합하고, 물을 싫어하는 '소수성 아미노산'은 공기와 결합해요. 단백질이 마치 비눗방울을 만드는 비누와 같은 '계면활성제' 역할을 하는 거예요. 계면활성제도 물을 좋아하는 친수성 부분과 물을 싫어하는 소수성 부분이 있어서 거품을 만들 수 있답니다.

흰자 거품이 생기는 과정

 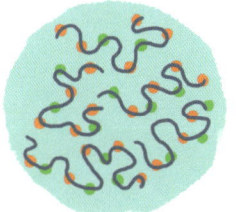 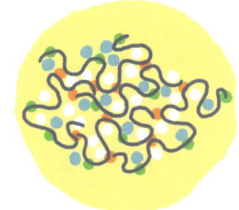

● 소수성 아미노산　● 친수성 아미노산　○ 공기　● 물　～ 단백질

흰자가 거품이 되면 부피가 8배나 늘어나는데, 이 상태를 '머랭'이라고 불러요. 다시 말해 머랭 쿠키는 머랭 상태가 된 흰자 거품을 구운 거랍니다.

머랭을 만들 때 식초나 레몬즙 한두 방울을 넣으면 더 단단한 거품을 만들 수 있어요. 식초나 레몬은 산성을 띠는데, 산성 물질 속에는 수소 원자에서 전자가 떨어져 나간 수소 이온(H+)이 들어 있어요. 이 이온은 흰자 속 단백질과 결합해 구조를 더 단단하게 만드는 역할을 한답니다. 또 거품이 부풀어 오를 때 설탕을 조금씩 넣으면 설탕이 흰자를 더 끈적끈적하게 해 주기 때문에 찰진 거품을 만들 수 있어요.

> 달걀을 익히면 어떤 변화가 일어날까? **62쪽으로 GO!**

부드러운 카스텔라나 케이크를 구울 때도 흰자가 큰 역할을 해요. 보통 식빵이나 베이글 같은 빵은 밀가루에 '효모'를 넣어 만들어요. 효모는 미생물의 일종으로, 반죽 속의 설탕 성분을 먹고 이산화탄소를 내놓아요. 이 과정을 '발효'라고 하는데, 이때 생긴 이산화탄소가 밀가루 속 단백질과 반응하며 거품을 만들지요. 그래서 빵을 잘라 보면 구멍이 송송 나 있는 거랍니다. 밀가루에 들어 있는 단백질이 만든 거품은 단단해서 빵이 쫄깃쫄깃하게 느껴져요.

하지만 카스텔라나 케이크를 만들 때는 효모를 넣지 않아요. 흰자로 만든 거품에 밀가루를 넣어 굽지요. 흰자가 만든 거품은 부드럽기 때문에 식빵보다 더 폭신폭신하고 부드러운 빵을 만들 수 있어요.

흰자만 이런 놀라운 역할을 하는 게 아니에요. 노른자도 흰자처럼 작은 거품을 만들 수 있어서, 부드럽고 고소한 마요네즈를 만드는 주인공이랍니다. 마요네즈는 노른자에 식물성 오일, 식초, 약간의 소금을 넣고 휘저어 만들어요. 노른자와 기름, 식초가 섞여 마요네즈가 되면 끈적거리는 정도인 '점도'가 약 1,000배나 높아지면서 부드러운 소스로 변한답니다.

노른자에는 지방의 일종인 레시틴이 들어 있어요. 레시틴도 흰자 속 아미노산처럼 물을 좋아하는 친수성과 물을 싫어하고 기름을 좋아하는 소수성을 가지고 있어요. 그래서 거품을 만들 수 있지요. 레시틴은 우리 몸 세포의 막을 만드는 중요한 성분이기도 해요. 레시틴이 만든 거품은 내부에 공기를 품고 있는 흰자 거품과는 다르게 내부에 기름을 품고 있답니다.

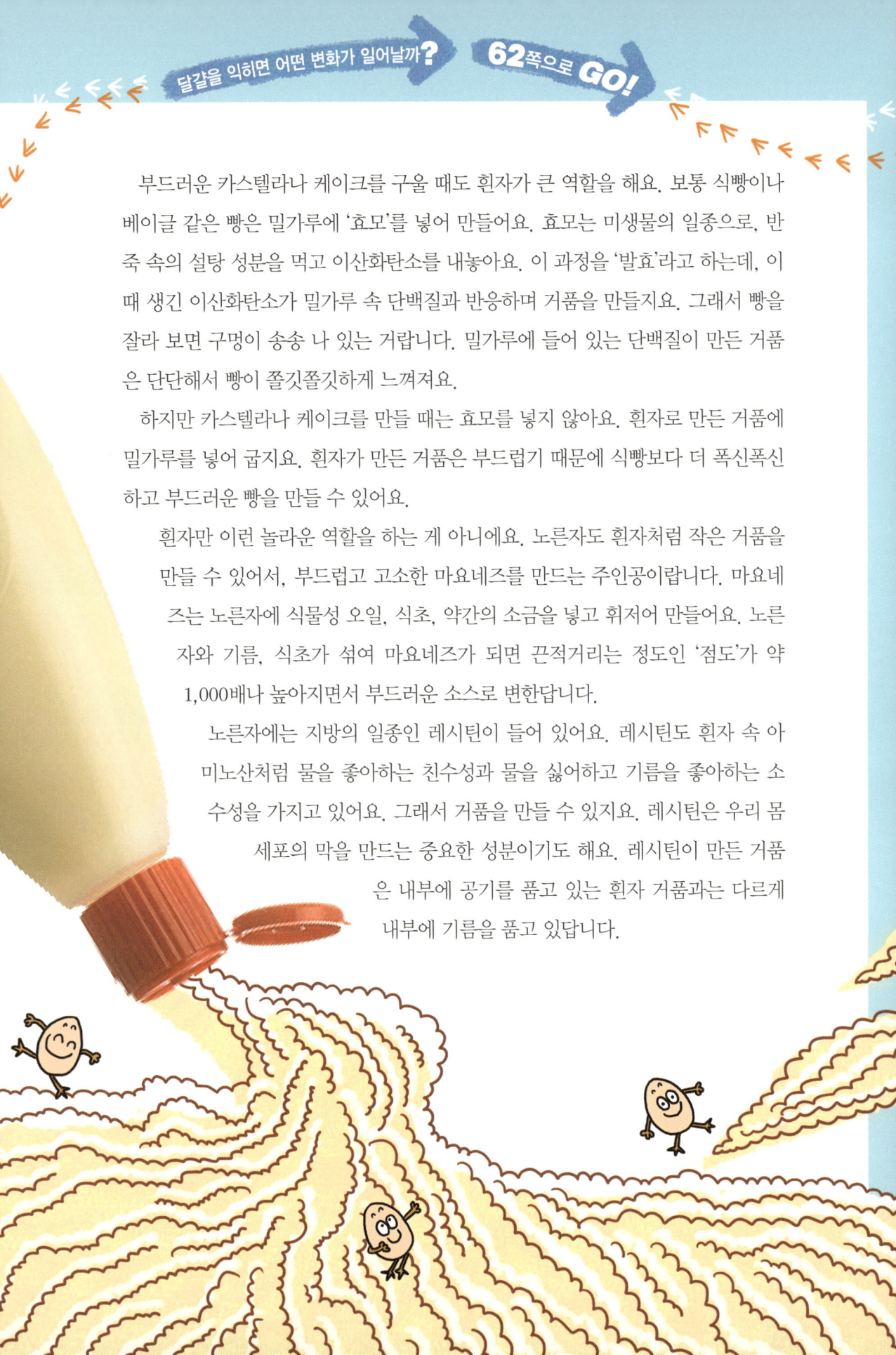

달걀의 다른 부분도 거품을 만들 수 있을까?
78쪽으로 GO!

마술 같은 머랭 속 아이스크림 만들기

머랭에 아이스크림을 넣고 오븐에 구우면, 머랭은 익어서 따뜻하지만 아이스크림은 하나도 녹지 않은 마술 같은 요리를 만들 수 있어요. 이름부터 '베이크드 알래스카(구운 알래스카)'지요. 머랭 속 공기가 열이 전달되는 것을 막아 아이스크림이 녹지 않는답니다. 우리도 직접 만들어 볼까요?

준비물 ▶ 달걀흰자 70g, 설탕 70g, 식빵, 아이스크림

1 흰자 70g에 설탕 70g을 넣고 거품기로 휘저어 머랭을 만들어 주세요. 거품기를 들었을 때 흰자가 붙어 떨어지지 않을 정도로 거품을 만드세요.

2 접시 위에 식빵을 깔고, 아이스크림을 올려 주세요.

3 아이스크림 위를 머랭으로 잘 덮어 주세요. 머랭으로 둥글거나 뾰족뾰족한 여러 모양을 만들면 더 멋지겠죠?

4 220℃로 예열해 둔 오븐에 넣고 3분간 구워 주세요.

5 식기 전에 먹으면 따뜻한 머랭 속 차가운 아이스크림을 제대로 느낄 수 있어요.

● 꼭 어른과 함께 요리하세요.

14 망고 맛 나는 달걀이 있다고?

아래 사진 속에 보이는 달걀은 망고 맛이 나요. 바로 분자 요리로 만든 달걀이기 때문이에요. 망고뿐만 아니라 어떤 재료를 넣는지에 따라 다양한 맛을 내는 달걀을 만들 수 있답니다.

달걀처럼 생긴 망고젤리

'분자 요리'는 음식의 질감, 요리 과정 등을 과학적으로 분석해 새롭게 바꾸거나 전혀 다른 맛과 형태로 음식을 재창조하는 걸 말해요. 음식을 '분자' 단위까지 철저하게 연구하고 분석해서 만든다고 해서 붙여진 이름이지요. 분자는 물질의 성질을 가지고 있는 가장 작은 입자랍니다.

분자 요리의 기본은 과학이에요. 분자 요리를 만들 때는 조리하는 온도와 방법에 따라 재료의 분자 배열이 어떻게 변하는지, 씹는 맛과 향은 어떻게 바뀌는지를 분석해요. 여기에 화학반응을 이용해 재료를 예상할 수 없는 새로운 맛과 형태로 조리하는 거지요.

　왼쪽 사진 속에 노른자처럼 보이는 것은 망고주스로 만들었어요. 망고주스에 다시마나 미역 같은 해조류에서 나오는 끈적끈적한 물질인 '알긴산나트륨'을 넣어 만든 거지요. 망고주스와 알긴산나트륨을 섞은 재료를 숟가락에 담아 '염화칼슘' 수용액에 넣으면, 알긴산나트륨와 염화칼슘이 만나 빠르게 화학반응을 일으키고 '알긴산칼슘'과 '염화나트륨'을 만들어요. 알긴산칼슘은 물에 잘 녹지 않으며 젤리처럼 말랑말랑하지요. 그래서 망고주스가 달걀 노른자처럼 동글동글한 모양으로 굳는답니다. 흰자는 우뭇가사리에서 얻을 수 있는 한천에 우유를 섞어 만들었어요. 한천은 물에 넣은 뒤 온도를 85℃ 이상으로 높이면 녹아요. 그런 뒤 32~40℃ 정도로 온도를 낮추면 젤리 형태로 굳지요.

　다양한 주스와 알긴산나트륨을 섞은 용액을 주사기에 넣어서 한 방울씩 떨어뜨리면 연어 알처럼 작은 알갱이들을 만들 수 있어요. 또 주사기에 든 용액을 일정하게 힘을 주어 길게 주사하면 국수처럼 만들 수도 있답니다. 어떤 맛인지 정말 궁금하죠? 넣는 주스에 따라 다양한 맛을 낼 수 있는데, 염화나트륨(소금)이 만들어지기 때문에 짭짤한 맛도 함께 나요.

　분자 요리는 1998년 프랑스의 화학자 에르베 티스와 헝가리의 물리학자 니콜라스 커티가 만들었어요. 둘은 요리의 물리, 화학적 측면에 대한 국제 모임을 준비하면서 '분자 물리 요리학(Molecular and

분자 요리로 만든 연어 알이야.

> 실험실에서 달걀 맛이 나는 물질을 만든다면?
>
> 102쪽으로 **GO!**

Physical Gastronomy)'이라는 이름을 지었어요. 이후 좀 더 간단한 용어인 분자 요리가 널리 알려지게 되었지요.

에르베 티스는 수플레를 만들면서 요리에 관심을 갖게 되었다고 해요. 수플레는 달걀 흰자로 거품을 내 만든 머랭에 다양한 재료를 넣고 오븐으로 굽는 요리예요. 에르베 티스는 같은 재료라도 요리 방법에 따라 수플레가 다양하게 만들어진다는 사실에 흥미를 느껴 다른 음식도 이런 비밀이 있을 거라고 생각했어요. 그래서 다양한 요리 방법을 모아 분자 단위까지 자세히 분석하면서 음식의 맛과 질감에 영향을 주는 요소들을 찾고 분자 요리를 탄생시켰답니다. 이후 많은 과학자와 요리사가 분자 요리를 연구하면서 새로운 요리 방법과 도구들이 개발되었어요. 주사기, 시험관 같은 실험실 도구와 영하 196℃의 액체질소, 진공 상태 등을 이용해 요리를 하거나 식품첨가제 사이의 화학반응도 활용해요. 무한한 상상력에 과학을 더한 분자 요리, 여러분도 직접 도전해 보세요!

○ 고체 이산화탄소인 드라이아이스 위에 만든 분자 요리

> 나도 신기한 분자 요리를 만들어 봐야지!

달걀로 공룡까지 만든다면?  100쪽으로 **GO!**

나도 분자 요리사!

원리만 알면 만들 수 있어요! 과학적이고도 창의력이 퐁퐁 샘솟는 분자 요리에 도전하세요~!

준비물 ▶ 망고주스, 우유, 물, 알긴산나트륨, 염화칼슘, 한천, 냄비, 접시, 숟가락

● 꼭 식용 가능한 재료만 사용하고 어른과 함께 실험하세요.

1 노른자 만들기

❶ 망고주스 250ml에 알긴산나트륨 1g을 넣고 잘 섞어 녹여요.

❷ 깊이가 있는 접시에 물 200ml를 담고, 염화칼슘 2g을 녹여요.

❸ 숟가락에 ❶용액을 넣고, ❷에 살며시 담그세요.

❹ 동글동글하게 굳으면 건져서 찬물에 헹구세요.

2 흰자 만들기

❶ 우유 100ml에 한천 분말 한 스푼을 넣고 약한 불로 조금 끓이세요.

❷ 접시에 흰자 모양처럼 부은 뒤 식어서 굳을 때까지 기다려요.

❸ 만들어 둔 망고주스 노른자를 우유로 만든 흰자 위에 얹으면 완성!

15 달걀 껍데기 버리지 말라고?

달걀 알맹이만 먹고 껍데기는 늘 쓰레기통에 버려왔다고요? 달걀 껍데기가 얼마나 쓰임이 많은지 알고 나면 깜짝 놀랄 거예요. 껍데기의 놀라운 능력을 알려 줄게요.

달걀 껍데기는 먹을 수 있어요. 달걀 하나 분량의 껍데기에는 약 1,000mg의 칼슘이 들어 있어요. 같은 양의 멸치보다 더 많은 칼슘이랍니다. 몸에 흡수도 잘 되지요. 그래서 영양제를 만들 때 달걀 껍데기의 칼슘을 넣기도 해요. 깨끗하게 살균한 달걀 껍데기를 잘 말린 뒤 곱게 갈아 하루에 한 티스푼 정도를 먹으면 하루에 필요한 칼슘의 대부분을 섭취할 수 있게 되지요. 그냥 먹거나 우유, 요구르트 등 음료에 섞어 먹어도 되어요.

식초에 넣어서 껍데기가 모두 녹아 버린 달걀

껍데기도 먹을 수 있다니 신기해!

알알이의 궁금증! 껍데기가 어떤 구조길래 이렇게 쓸모있지? 42쪽으로 GO!

몸에 흡수가 더 잘되게 식초에 칼슘을 녹여서 먹는 방법도 있어요. 달걀 껍데기를 부수어 유리병에 넣고 식초를 달걀 껍데기가 잠길 정도로 부어요. 약 15일 정도 그대로 두면 껍데기가 식초에 녹으면서 거품이 보글보글 올라오는 모습을 볼 수 있을 거예요. 달걀 껍데기의 탄산칼슘($CaCO_3$)이 식초 같은 산성 용액 속에 있는 수소 이온(H^+)을 만나면 녹아서 칼슘 이온(Ca^{2+})이 되고, 물(H_2O)과 이산화탄소 기체(CO_2)를 만들기 때문이에요. 이산화탄소는 물에 잘 녹지만, 녹지 못한 기체는 거품으로 올라와요. 칼슘이 녹아 있는 식초는 하루에 약 70mL, 그러니까 소주잔으로 한 잔 정도 먹으면 되어요. 집에서 키우는 식물도 칼슘이 필요하니 나누어 주세요. 달걀 껍데기를 녹인 식초 한 스푼에 물 1L를 섞어 2주에 한 번씩 화분에 물을 주면 된답니다.

이뿐만이 아니에요. 달걀 껍데기는 청소와 빨래를 할 때도 유용해요. 잘 살균해 둔 달걀 껍데기를 망에 넣어 빨래를 삶을 때 함께 넣어 보세요. 빨래가 깨끗하고 하얗게 변한답니다. 달걀 껍데기를 삶은 물은 약한 염기성을 띠는데, 염기성 물질은 단백질을 녹이는 성질이 있어요. 그래서 달걀 껍데기를 삶은 물이 천연 세제 역할을 하게 되는 거예요.

달걀 껍데기는 믹서기의 날이나 입구가 좁아 손으로 씻기 힘든 용기를 닦을 때도 좋아요. 잘 세척한 달걀 껍데기와 물을 조금 넣고 믹서기를 작동시키면 깨끗이 씻을 수 있는 것은 물론 믹서기의 칼날이 더 날카로워진답니다. 또 달걀 껍데기를 잘게 부숴 입구가 좁아 세척하기 힘든 병 안에 넣은 뒤, 따뜻한 물과 세제를 넣고 잘 흔들면 달걀 껍데기가 구석구석을 마찰시키면서 깨끗하게 씻어 주지요.

상식 쌓기

어디에 사용하든 달걀 껍데기는 항상 세척, 살균한 뒤 사용해야 한답니다. 굳이 먹지 않을 때도요. 달걀 껍데기에는 식중독을 일으키는 살모넬라 같은 균이 묻어 있을 수 있거든요. 달걀 껍데기에 물과 베이킹 소다를 넣고 30분 정도 끓이면 완벽하게 살균할 수 있어요.

16 달걀 껍데기 같은 돌도 있다고?

석회암은 달걀 껍데기처럼 탄산칼슘 성분의 암석이에요. 조개 껍데기나 산호같이 탄산칼슘으로 이루어진 동물 몸이 오랜 시간 동안 쌓여서 만들어지지요.

이런 조개 껍데기가 석회암의 재료!

석회암은 멋진 풍경을 만들어 내는 것으로 유명해요. 석회 동굴에 들어가면 자연이 만든 아름다운 예술품에 깜짝 놀라게 되지요. 천장에서부터 내려오는 고드름 모양의 종유석과 바닥에서 자라는 석순이 각양각색의 모양을 하고 있거든요.

석회 동굴은 석회암 사이로 이산화탄소가 녹아 있는 물이 오랜 세월 동안 흐르면서, 탄산칼슘을 녹여서 생겨요. 탄산칼슘은 순수한 물에는 녹지 않지만 이산화탄소가 들어 있는 물에는 녹거든요. 이산화탄소가 물에 녹으면 탄산(H_2CO_3)이 되는데, 탄산이 탄산칼륨($CaCO_3$)과 만나 물에 녹는 탄산수소칼슘($Ca(HCO_3)_2$)을 만들지요.

종유석과 석순은 물속의 이산화탄

 달걀이 돌로 변한 화석도 있을까? 94쪽으로 GO!

소가 줄어들어서 탄산수소칼슘이 사라지고, 다시 탄산칼슘 알갱이들이 나오기 때문에 만들어져요. 동굴 천장에서 아래로 흐르는 물에서는 종유석이, 동굴 천장에서 바닥으로 떨어진 물에서는 석순이 생기지요. 종유석이 1mm 정도 자라려면 수십 년이 넘게 걸려요. 석회 동굴은 그만큼 아주 오랜 시간 동안 만들어지는 거예요. 우리나라의 대표적인 천연 석회 동굴 중 하나이며 천연기념물 제256호로 지정된 단양 고수동굴은 약 4억 5,000만 년 동안 만들어졌어요.

석회 동굴에 자라난 멋진 종유석

석회암은 우리들이 살고 있는 집도 만들어 줘요. 탄산칼슘으로 집 짓는 재료인 시멘트를 만들거든요. 탄산칼슘을 높은 온도에서 가열하면 산화칼슘(CaO)과 이산화탄소(CO_2)가 생겨요. 이렇게 생긴 산화칼슘에 알루미늄 같은 몇 가지 재료를 섞으면 시멘트가 되지요. 시멘트 가루를 물과 섞으면 화학반응이 일어나면서 매우 단단한 물질로 굳어요. 또 시멘트에 자갈과 모래를 섞으면 콘크리트가 되지요.

건물을 꾸밀 때 많이 사용하는 대리암도 달걀 껍데기처럼 탄산칼슘으로 이루어져 있어요. 석회암이 높은 압력과 열을 받고 변한 거예요. 순수하게 탄산칼슘으로만 이루어져 있는 암석은 높은 열과 압력을 받으면 방해석이 되어요. 하지만 다른 성분이 섞여 있으면 다양한 색과 무늬가 있는 대리암이 되는 거랍니다.

탄산칼슘 성분의 암모나이트 화석

달걀을 연구하는 대륙

17 닭이 먼저일까, 달걀이 먼저일까?

이 질문은 원인과 결과를 알 수 없을 때 많이 쓰는 말이에요. 닭이 달걀을 낳고, 달걀에서 닭이 나오기 때문에 어느 것이 먼저인지 도무지 알 수 없다는 의미랍니다.

가장 간단하게 이 질문에 답을 할 수 있는 방법은 달걀에 대한 정의를 확실하게 내리는 거예요. 달걀의 옛말은 '둘기앓'이에요. 닭의 알이라는 뜻이죠. 그렇다면 닭이 먼저예요. 하지만 달걀을 '닭이 되는 알'로 정의한다면 달걀이 먼저가 되지요.

관련된 연구를 소개해 줄게요. 지난 2010년 영국 셰필드대학교와 워릭대학교 공동 연구팀은 닭이 없으면 달걀이 존재할 수

그럼 뭐가 먼저인지 알 수 없는 거야?

내가 먼저!

내가 먼저!

84 알알이의 궁금증!

없다고 밝혔어요. 연구팀이 슈퍼컴퓨터로 달걀이 만들어지는 과정을 실험했더니, 닭의 난소에 있는 단백질 'OC-17'이 없으면 달걀이 만들어지지 않았어요. 또 이 단백질은 닭의 난소에서만 발견된다는 사실도 알아냈지요. 연구팀은 닭이 없으면 달걀이 생길 수 없다고 결론을 내렸어요. 닭이 먼저라는 거예요. 하지만 단백질 'OC-17'이 있는 닭은 어디에서 온 것일까요? 진화 과정을 살펴보면 닭의 조상이 유전자가 변형된 달걀을 낳았고, 이 달걀에서 닭이 부화했다고 볼 수 있어요. 그렇다면 달걀이 먼저지요. 결국 이렇게 닭이 먼저냐, 달걀이 먼저냐는 명확하게 밝힐 수 없는 **딜레마**예요.

그렇다면 닭과 달걀은 어디에서 왔을까요? 바로 공룡이에요. 티라노사우루스, 벨로키랍토르, 알로사우루스처럼 두 발로 걷고 날카로운 이빨과 발톱으로 사냥하던 수각류 공룡이 닭으로 진화했답니다.

20개 나라 80여 연구기관에서 200여 명의 과학자들이 참여한 국제 연구팀은 지난 2014년, 닭을 포함한 조류 48종의 유전자를 조사했어요. 그 결과 약 6,600만 년 전 공룡 멸종 직전에 살아남은 몇 종류의 수각류가 진화적으로 보면 아주 짧은 시간인 약 1,000만 년 만에 1만 500종의 조류로 진화했다는 사실을 알아냈지요.

또 이번 연구에 참여한 영국 켄트대학교 다렌 그리핀 교수팀은 닭과 칠면조의 DNA가 중생대에 공룡에서 갈라져 나온 뒤 그다지 바뀌지 않았다고 밝혔어요. 닭은 지금 살고 있는 조류 중에서 공룡과 가장 가까운 셈이에요. 닭이 먼저냐 달걀이 먼저냐는 질문에 '무엇보다 공룡이 먼저다!'라고 답할 수 있겠죠?

단어풀이

딜레마란 두 가지 중 하나를 선택해야 하지만 그 어느 쪽을 선택해도 바람직하지 못한 결과가 나오는 곤란한 상황을 말해요.

14쪽으로 GO!

'OC-17'이 궁금해!

알 화석이 있으면 더 확실할 거 같아! 94쪽으로 GO!

18 티라노사우루스는 치킨 맛?

공룡 고기 맛도 닭과 비슷할까요? 답은 '어쩌면 그렇다'랍니다.
적어도 6,800만 년 전에 살았던 육식 공룡 티라노사우루스 렉스는
치킨과 맛이 비슷하다고 할 수 있어요.

우리가 티라노사우루스라고 부르는 공룡의 정식 이름은 '티라노사우루스 렉스(Tyrannosaurus rex)'예요. 티렉스(T. rex)라고 부르기도 하지요. 그런데 티라노사우루스에서 나온 단백질을 분석했더니 티라노사우루스가 '치킨 맛'이라는 사실이 드러났답니다.

미국 노스캐롤라이나주립대학교 메리 슈와이처 교수팀은 지난 2005년 미국 몬태나주에서 다리뼈 안쪽이 단백질로 이뤄진 티라노사우루스의 화석을 발견했어요. 그때까지 학자들은 대부분 단백질이 DNA보다 더 빠르게 분해되어 100만 년 이상된 단백질이 남아 있는 것은 불가능하다고 생각했기 때문에 화제가 되었지요.

연구팀은 2007년에 이 단백질을 분석한 결과를 발표했어요. 그 결과, 티라노사우루스의 단백질은 닭의 단

조상님들에 대해 좀 더 알고 싶어.

백질과 비슷한 것으로 밝혀졌답니다. 우리가 먹는 닭의 살코기 부분이 바로 단백질이에요. 그러니까 티라노사우루스 고기를 튀기면 후라이드 치킨과 비슷한 맛이 나겠죠? 연구팀은 수각류 공룡이 조류로 진화했다는 것을 보여주는 최초의 화학적인 증거라고 설명했어요.

수각류 공룡이 닭으로 진화했다는 사실이 확실해지면서 사람들이 생각하는 공룡의 외모도 조금씩 바뀌고 있답니다. 새처럼 깃털이 있었을 거라는 거예요. 영화 〈쥬라기 공원〉에 등장하는 티라노사우루스는 털 대신 오돌토돌한 돌기만 있어요. 하지만 과학자들의 연구를 보면 티라노사우루스도 깃털을 가지고 있었을 가능성이 높답니다.

티라노사우루스 렉스의 뼈 표본

🐣 머리부터 꼬리까지 깃털이 달린 시노사우롭테릭스 화석

저 거뭇거뭇한 부분이 깃털이야.

티라노사우루스와 매우 가까운 친척 공룡인 '유티라누스 후알리(*Yutyrannus huali*)'라는 공룡의 화석에서 몸에 깃털이 난 흔적이 발견되었기 때문이에요. 아직 티라노사우루스 렉스가 깃털이 있었다는 확실한 증거가 발견된 것은 아니지만, 과학자들은 티라노사우루스도 몸의 일부에 깃털이 있었을 것으로 추측하고 있어요.

티라노사우루스처럼 대형 공룡은 아니지만 몸집이 작은 공룡 화석에서는 깃털 흔적이 꽤 여러 번 발견되었어요. 1996년 중국의 랴오닝성에서 발견된 '시노사우롭테릭스(*Sinosauropteryx*)' 화석에는 머리부터 목과 등 그리고 꼬리까지 깃털이 있어요. 병아리처럼 짧고 보송보송한 솜털 같은 깃털이었죠. 2012년에는 목과 등에는 솜털이, 앞다리에는 잘 발달된 깃털이 있는 '오르니토미무스(*Ornithomimus*)' 화석도 발견되었답니다.

깃털이 달린 초식 공룡도 발견되고 있어요. 대표적인 공룡은 '쿨린다드로메우스 자바이칼리쿠스(*Kulindadromeus zabaikalicus*)'예요. 2010년 러시아의 고생물학자인

소피아 시니트사 박사팀이 시베리아에서 깃털 흔적이 있는 쿨린다드로메우스 화석을 발견했답니다. 이 공룡은 머리와 몸통에는 단순한 털이, 다리에는 깃털이 있었던 것으로 밝혀졌어요. 이렇게 털이나 깃털이 있는 공룡의 화석이 계속 발견되면서 과학자들은 공룡 대부분이 깃털을 가지고 있었을 거라고 추측하고 있어요.

예전에는 공룡을 초록색이나 갈색으로 많이 표현했어요. 하지만 실제로는 지금의 새처럼 화려한 색을 가지고 있었을지도 몰라요. 2010년 중국 베이징자연사박물관의 고생물학자 췐궈 리 연구팀은 전자현미경을 이용해 '안키오르니스(Anchiornis)'의 화석에서 '멜라노솜'을 찾아냈어요. 멜라노솜은 우리 피부나 머리카락의 색을 내는 멜라닌 세포 속에 들어 있는 색소 알갱이를 말해요. 연구팀은 안키오르니스가 검정색 깃털이 덮인 몸에 붉은 머리 깃털을 가졌을 거라고 밝혔어요. 이처럼 새로운 화석이 발견되고, 과학의 발달로 화석을 더 자세하게 분석할 수 있게 되면서 우리가 알고 있는 공룡의 모습도 계속 변하고 있답니다.

깃털을 그려 넣은
육식 공룡 벨로키랍토르

19 새는 왜 이빨이 없을까?

공룡은 날카로운 이빨이 있지만 새는 이빨이 없고 부리 안쪽이 맨들맨들해요. 유전자 돌연변이 때문이지요. 국제 연구팀이 조류 48종의 유전자를 조사해서 밝혀냈어요.

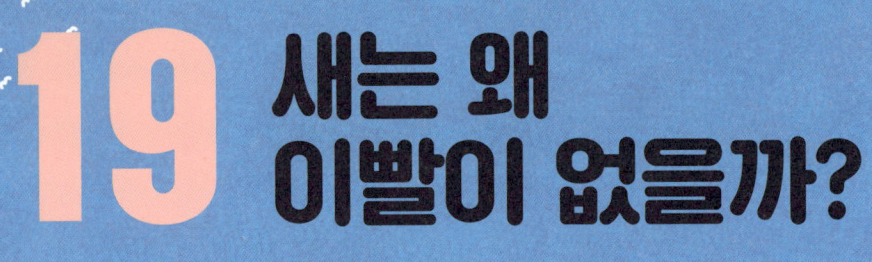

새의 조상인 수각류 공룡(왼쪽)의 이빨과 새의 부리(오른쪽). 새는 유전자 변이로 이빨이 사라졌다.

새의 조상인 수각류 공룡은 날카로운 이빨을 가진 육식 공룡이에요. 하지만 진화하는 과정에서 이빨 바깥쪽의 흰 부분인 상아질을 만드는 유전자가 제 역할을 하지 못하는 돌연변이가 생겼지요. 이 돌연변이를 물려받은 새는 상아질을 만들지 못해서 이빨이 없어졌답니다.

새들은 이빨 대신 날카로운 부리로 먹이를 먹어요. 또 이빨 역할을 하는 모래주머니가 있지요. 모래주머니 속에는 모래알이나 작은 돌이 들어있는데, 이것

초식 공룡인 프로케라톱스 알 화석의 본을 뜬 표본

들이 씹는 것처럼 먹이를 잘게 쪼개어 준답니다.

　돌연변이로 이빨을 만들지 못하는 점이 문제가 되었다면 새들이 이렇게 많은 종류로 늘어날 수 없었을 거예요. 오히려 이빨이 없어진 덕분에 새들이 살기 편해졌답니다. 2018년 독일 본대학교 고생물학 연구소의 쯔 루웨이 양 박사팀은 새들이 부화를 빨리 하기 위해 이빨이 없어지도록 진화했다는 사실을 알아냈어요. 공룡은 알에서 새끼가 부화할 때까지 몇 달은 걸렸을 것으로 추측되고 있어요. 하지만 새는 그 기간이 아주 짧아요. 닭의 경우 21일이면 병아리가 알을 깨고 나오지요. 연구팀은 공룡이 부화하는 데 걸린 3~6개월 중 대부분이 이빨을 만드는 데 이용되었을 것이라며, 이빨이 없어지면 알 속에서 자라는 시간을 60%나 줄일 수 있다고 설명했어요.

　그렇다면 공룡이 알에서 부화하는 데 정확히 얼마나 걸렸을까요? 2017년 미국 플로리다주립대학교와 캐나다 캘거리대학교, 미국 자연사박물관 공동 연구팀은 알 속에 들어 있는 새끼 공룡의 이빨을 조사해 공룡이 얼마나 빨리 부화했는지 계산해 봤어요. 이빨이 발달할 때 매일매일의 성장 속도가 달라서 나무의 나이테 같은 무늬가 생겨요. 그래서 이빨이 만들어지는 데 걸린 시간을 계산할 수 있지요. 파충류가 알에서 이빨이 생기기 시작하는 시점과 부화 기간을 참고해서 알 속 새끼 공룡을 연구한 결과, 프로토케라톱스는 적어도 83일 만에 부화했다고 밝혀졌어요. 또 다른 초식 공룡인 히파크로사우루스는 부화 기간이 적어도 171일로 밝혀졌답니다. 연구팀은 6,500만 년 전 소행성이 지구에 충돌했을 때, 공룡은 알에서 부화하기까지 시간이 오래 걸려서 생태계

에서 오래 버틸 수 있을만큼 충분한 수로 늘어나기 어려웠고 결국 멸종했을 것이라고 추측했어요. 부화 기간이 공룡의 멸종과도 관련되어 있다니 정말 놀랍죠?

영화 〈쥬라기 공원〉에 나오는 수각류 공룡은 우리를 넘어 탈출하고, 숨어 있는 사람들을 쉽게 찾아내는 등 매우 뛰어난 지능을 가지고 있는 것처럼 그려져요. 하지만 잘 잊는 사람에게 '까마귀 고기를 먹었나'라고 말하거나 머리가 나쁜 사람은 '닭대가리'라고 부르는 등 새는 머리가 나쁜 동물로 여겨지고 있지요. 수각류 공룡은 머리가 좋았는데, 그 후손인 새는 머리가 나쁜 걸까요?

사실은 그렇지 않아요. 새들의 지능이 아주 높다는 연구 결과가 계속해서 나오고 있답니다. 호주 맥쿼리대학교 심리학과 크리스 에반스 교수팀은 닭의 울음소리를 연구해서 닭은 자신이 처한 상황과 기분에 따라 최소 24가지의 서로 다른 울음소리를 내며, 이를 통해

나도 똑똑한 알이 될 수 있을 거야!

서로 대화할 수 있다는 사실을 알아냈어요. 심지어 수탉은 닭을 잡아먹는 포식자를 발견한 경우 경고음을 내지만 주변에 다른 수탉만 있을 경우는 경고음을 내지 않았어요. 다른 수탉, 즉 경쟁자가 잡아먹히면 짝짓기 할 때 유리하기 때문이에요.

비둘기가 숫자를 셀 수 있고, 숫자의 크기도 비교할 수 있다는 연구도 있어요. 뉴질랜드 오타고대학교 심리학과 연구팀이 비둘기에게 1~3개의 도형이 그려진 카드를 보여주고 도형이 그려진 개수대로 카드를 정렬하도록 교육했지요. 그 결과 비둘기는 도형에 있는 1~3개는 물론 4~9개까지도 구분하고 정렬할 수 있었답니다.

똑똑한 동물의 대명사 침팬지보다 더 똑똑한 새도 있어요. 바로 까마귀랍니다. 영국 옥스퍼드대학교 알렉스 카셀니크 교수팀이 뉴칼레도니아 까마귀에게 문제를 냈어요. 긴 시험관에 아주 작은 양동이를 넣고 그 안에 먹이를 놓은 뒤, 갈고리 모양의 막대기를 두어서 갈고리로 양동이를 끌어올려 먹이를 먹을 수 있는지 알아보는 실험을 했지요. 까마귀는 문제없이 갈고리를 사용해 먹이를 먹었어요. 그뿐만 아니라 똑같은 상황에서 펴진 철사를 주자, 부리로 철사를 구부려 갈고리 모양으로 만들었답니다. 과학자들은 야생동물 중 가장 똑똑하다는 침팬지도 사람이 만든 재료로 갈고리를 만들 수는 없다며 몹시 놀라워했어요. 새들이 머리가 나쁘다는 편견은 이제 버려야겠죠?

병아리는 21일간 어떻게 자랄까❓ **46쪽으로 GO!**

20 알 화석이 아주 중요하다고?

'사람은 죽어서 이름을 남기고, 호랑이는 죽어서 가죽을 남긴다'라는 말이 있어요. 이 말을 우리 친구 알알이에게도 쓸 수 있답니다. 알은 죽어서 알 화석을 남긴다고요.

'화석' 하면 무엇이 생각나나요? 아마 박물관에서 본 거대한 공룡 뼈 화석이 먼저 생각날 거예요. 하지만 화석은 다양한 형태가 있어요. 화석은 과거에 살았던 생물의 몸체나 흔적이 암석이나 지층 속에 남아 있는 것을 말하거든요. 뼈 화석 외에도 알이나 발자국, 배설물 등 다양한 화석이 남아 예전 생물이 어떤 모습을 하고, 어떻게 살았는지를 밝혀 주고 있답니다.

특히 알 화석은 과거에 살았던 생물이 어떻게 번식을 했는지 알려주기 때문에 매우 중요해요. 알 속에 아직 부화하지 않은 새끼의 뼈가 남아 있

공룡의 둥지를 재현한 거예요.

다면 더 많은 것을 알 수 있답니다. 알 속에 남은 새끼 공룡의 이빨을 통해 부화 기간을 알아낸 것처럼 말이에요. 또 새끼가 알에서 부화할 때 얼마나 자라 있는지를 통해 과거에 살았던 생물들이 새끼를 얼마나 보살폈는지도 알 수 있어요. 알 껍데기에 들어 있는 공기를 분석해 당시의 기후도 연구할 수 있답니다. 게다가 알을 낳은 둥지의 크기나 형태 같은 것도 과거에 살았던 생물에 대해 많은 것을 알려줘요.

　우리나라에 공룡이 살았다는 사실도 알 화석을 통해 처음으로 밝혀졌어요. 1972년 경남 하동에서 처음으로 공룡 알 껍데기가 발견되면서 우리나라에도 공룡이 살았다는 게 알려졌답니다. 이전에는 우리나라에는 공룡이 없었다고 생각했거든요.

상식 쌓기

초식 공룡과 육식 공룡의 알은 그 모양만 봐도 쉽게 구분할 수 있어요. 공룡 알은 동그란 것과 타원형으로 생긴 것이 있는데, 동그란 건 초식 공룡의 알이고, 타원형은 육식 공룡의 알이랍니다.

육식 공룡의 알

초식 공룡의 알

내 모습도 내 정체를 알려줄까?

우리나라의 공룡 화석 지도

🦶 발자국 화석　🦴 뼈 화석　🔵 알 화석

우리나라에서는 공룡 뼈보다 공룡 알 화석이 더 많이 나와요. 전라남도 보성, 구례, 경기도 화성 시화호, 경상남도 하동, 고성 등에서는 초식 공룡 알이 나왔어요. 또 목포 압해도와 통영, 부산 다대포에서는 육식 공룡 알이 발견되었지요. 특히 압해도에서 발견된 육식 공룡 알은 길이가 43cm로, 우리나라에서 가장 큰 공룡 알 화석이에요. 세상에서 가장 큰 공룡 알은 중국 난양 지역에서 발견된 알인데 길이가 45cm예요. 길이가 약 15~20cm인 타조 알의 3배 정도 되는 크기랍니다.

　여기서 한 가지 궁금증이 생기지 않나요? 티라노사우루스는 몸길이 최대 12m에 몸무게는 최대 7톤, 브라키오사우루스는 몸길이 최대 26m에 몸무게는 최대 55톤이나 나갈 정도로 몸집이 어마어마하게 컸어요. 그런데 알은 왜 그다지 크지 않은 걸까요?

　그 이유는 공룡이 알에서 부화할 때 알을 쉽게 깨고 나오기 위해서예요. 알의 크기가 클수록 껍데기도 두껍기 때문에 알이 쉽게 깨지지 않아요. 그만큼 새끼가 알을 깨고 나오기도 어렵지요. 대신 공룡은 알에서 작게 부화한 뒤 꾸준히 성장해서 몸의 크기를 계속 키워나갔어요. 사람이나 고양이 같은 포유류의 경우 어른이 되면 성장이 멈추고 더 이상 자라지 않지만, 공룡은 일생 동안 계속 자라고 또 자랐기 때문에 어마어마하게 커질 수 있었답니다.

　담록소 때문에 푸른색을 띠는 새 알

최근에는 공룡의 알에 다양한 색과 무늬가 있다는 사실까지 밝혀졌어요. 2018년 미국 예일대학교의 고생물학자 재스미너 위먼 박사팀은 공룡 18종의 알 껍데기 화석을 레이저로 조사했어요. 그 결과 새의 알에서 발견할 수 있는 색소인 적갈색의 '프로토포르피린'과 청록색의 '담록소'를 발견할 수 있었답니다. 하지만 알을 진흙이나 풀로 덮어 부화시키는 공룡의 알에서는 색소가 나오지 않았지요. 과학자들은 포식자가 둥지에서 알을 훔쳐가는 것을 막고 자신의 알을 구분하기 위해 공룡이 색깔이 있는 알을 낳게 되었으며, 이런 특징이 새에게 그대로 전해졌다고 생각하고 있어요.

알 화석으로 공룡의 체온도 알아낼 수 있어요. 2015년 미국 캘리포니아대학교 로스앤젤레스캠퍼스 로버트 이글 교수팀은 공룡 알 화석에 포함된 탄소와 산소 **동위원소** 분석을 통해 이 알을 낳은 공룡의 체온을 측정했어요. 그 결과 8,000만 년 전 살았던 목이 긴 초식공룡 티타노사우르스의 체온은 37.6℃였고 7,500만 년 전 두 발로 걷던 수각류 오비랍토르의 체온은 31.9℃였다는 사실이 밝혀졌어요. 그동안 공룡의 체온은 파충류처럼 기온에 따라 변했을 거라고 생각했지요. 그런데 이 연구로 공룡이 새와 악어의 중간쯤 되는 체온을 가지고 있었다는 것을 밝혔답니다. 앞으로 공룡 알로 또 어떤 비밀이 밝혀지게 될지 정말 기대되지 않나요?

단어풀이

동위원소란 핵을 이루는 양성자의 수는 같지만 중성자의 수는 다른 원소로, 원자번호와 화학적 성질은 같아요. 예를 들어 자연계에 존재하는 산소는 대부분 8개의 양성자와 8개의 중성자를 갖고 있지만 9개의 중성자나 10개의 중성자가 있는 산소 동위원소도 있어요.

오비랍토르야, 뭐 하고 있어?

공룡 알 화석은 왜 납작해지지 않았을까?

공룡 알 화석도 다른 화석과 마찬가지로 알 위에 퇴적물이 쌓이면서 만들어져요. 그런데 알 화석은 어떻게 무거운 퇴적물 사이에서도 납작해지지 않고 둥그런 모양을 유지할 수 있을까요?
그 비밀은 바로 퇴적물이에요. 공룡 알 위로 퇴적물이 쌓이면 퇴적물의 무게 때문에 알 껍데기에 금이 가게 되어요. 하지만 이 때문에 오히려 공룡 알이 둥근 모양으로 남아 있을 수 있답니다. 알에 금이 가면 알을 채우고 있던 액체는 빠져나가고 퇴적물이 알 속으로 스며들게 되거든요. 결국 알 속은 퇴적물로 가득 차게 되어, 알 위로 또 다른 퇴적물이 무겁게 쌓여도 납작해지지 않고 둥글게 남아 있을 수 있어요.

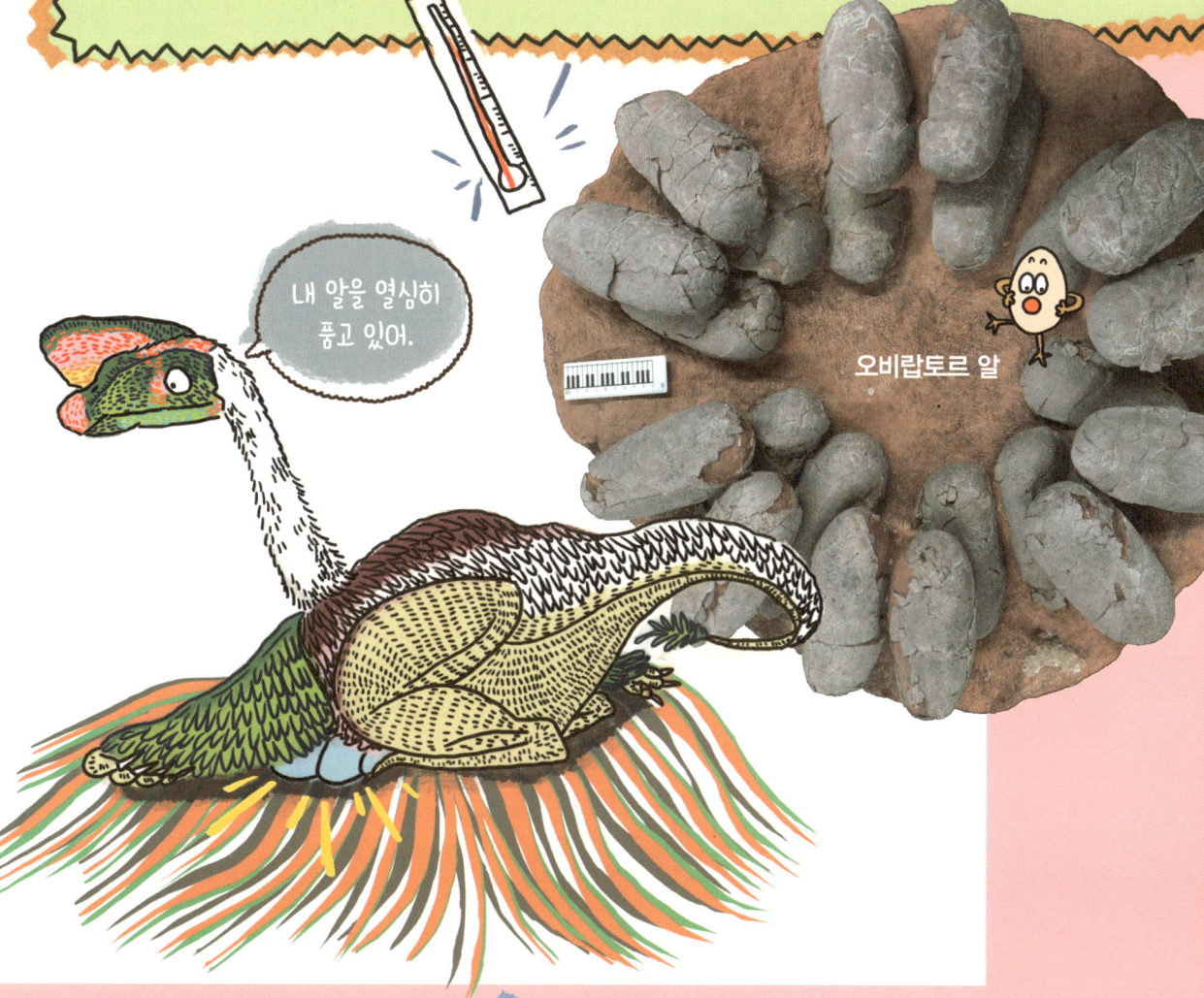

내 알을 열심히 품고 있어.

오비랍토르 알

알의 색소에 대해 더 자세하게 알려면? **34쪽으로 GO!**

21 달걀로 공룡을 만든다고?

영화 <쥬라기 공원>에서는 호박 화석 속에 남아 있는 모기를 이용해 공룡을 만들었어요. 모기가 빤 공룡 피에서 유전자를 빼낸 거죠. 하지만 불가능한 일이에요. 유전자가 제대로 남아 있지 않기 때문이랍니다.

대신 과학자들은 달걀을 이용해 공룡을 만드는 연구를 하고 있어요. 왜냐하면 유전자를 분석한 조류 48종 가운데 닭이 공룡과 가장 가까운 것으로 나타났을 뿐만 아니라 알도 쉽게 구할 수 있기 때문이에요. 지난 2015년 미국 예일대학교와 시카고대학교 등 공동 연구팀은 달걀 속에서 자라는 배아의 특정 유전자가 활동하지 못하게 막았어요. 그 결과, 새의 특징인 부리가 사라지고 공룡을 닮은 주둥이 골격이 생겼지요.

2016년에는 칠레대학교 연구팀이 달걀 속 배아의 유전자를 조작해 닭다리를 공룡 다리와 비슷하게 바꾸는 데 성공했어요. 공룡

모기가 갇힌 호박 화석

은 조류로 진화하면서 종아리뼈가 작아졌어요. 그런데 종아리뼈가 작아지는 데 영향을 준 것으로 추정되는 유전자의 기능을 떨어트리자 병아리의 종아리뼈가 다시 길어지면서 공룡과 비슷한 다리가 만들어졌답니다. 과학자들은 이런 연구를 하는 이유가 공룡을 되살리기 위해서는 아니라고 말해요. 공룡에서 닭이 될 때 잃어버린 유전적 특징을 되살려서 공룡에서 조류로 진화한 유전자의 비밀을 풀기 위해서랍니다.

　닭 그 자체로 공룡을 연구하기도 해요. 수각류 공룡의 근육과 움직임, 생태를 복원할 때 후손인 닭을 이용하는 거죠. 지난 2015년 칠레 산티아고국립칠레대학교 브루노 그로시 교수팀은 닭의 꼬리에 나무로 만든 공룡 꼬리를 붙여 걸음걸이를 연구했어요. 그 결과 꼬리를 단 닭은 무릎보다는 허벅지를 이용해 공룡처럼 걷는다는 사실이 밝혀졌지요. 연구팀은 공룡 꼬리를 붙인 닭의 걸음걸이는 수각류 공룡의 걸음과 같다고 결론 내렸어요. 이 연구 결과는 사람들을 웃게 하면서 생각하게도 만드는 기발한 연구에 주는 '이그노벨상' 생물학상을 수상했답니다. 공룡의 후손인 닭이 파헤쳐 줄 더 많은 공룡의 비밀, 정말 기대되네요.

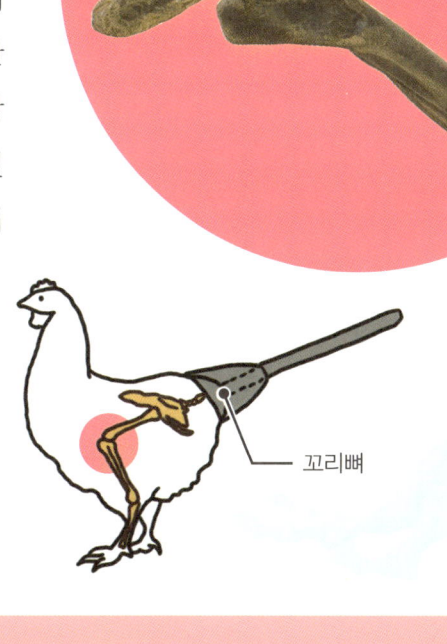

꼬리뼈

22 실험실에서 달걀을 만든다고?

지난 2012년 미국의 저스트라는 회사는 달걀과 똑같은 맛이 나는 '인공 달걀'을 개발했어요. 닭의 배 속이 아닌 실험실에서 탄생한 달걀이지요. 대체 왜 만들었을까요?

인공 달걀은 가루 형태로 되어 있는데, 물에 녹이면 달걀을 풀어 놓은 것과 같이 변해요. 연구팀은 달걀과 비슷한 단백질을 가진 식물성 단백질을 찾기 위해 다양한 식물을 분석했어요. 그 결과 대두와 녹두 같은 콩에서 달걀과 비슷한 단백질을 찾아냈지요. 콩에서 뽑아낸 단백질에 다른 식물의 지방 등 다양한 성분을 섞어 달걀과 비슷한 맛과 씹는 느낌을 가진 인공 달걀을 만든 거예요. 인공 달걀은 진짜 달걀의 절반 가격이에요. 또 동물성 단백질과 콜레스테롤이 없어서 알레르기나 고혈압 같은 질병 때문에 달걀을 먹을 수 없었던 사람도 먹을 수 있답니다. 달걀을 먹지 않는 채식주의자도 먹을 수 있고요. 최근 이 회사는 달걀을 풀어 놓은 것 같은 액체 인공 달걀과 인공 달걀로 만든 마요네즈, 쿠키반죽 등 다양한 인공 달걀 제품을 만들고 있어요.

이뿐만이 아니에요. 실험실에서는 인공 닭고기와 소고기, 돼지고기도 개발되고 있답니다. 미국의 멤피스 미트라는 회사는 2016년 실험실에서 만든 인공 소고기가 든 미트볼을 판매했어요. 2017년에는 인공 닭고기로 만든 너겟도 나왔지요. 인공 고기는 식물로 만든 게 아니에요. 동물의 근육 세포를 **배양**해서 만들었답니다. 최초의 배양 고기는 2013년 네덜란드 마흐트리히트대학교의 마크 포스트 교수가 동물에서 얻은 줄기세포를 근육으로 키워서 만들었어요. 줄기세포는 여러 종류의 조직으로 자랄 수 있는 능력을 가진 세포거든요. 멤피스 미트에서도 동물의 줄기세포를 배양해서 인공 고기를 만들었답니다.

아직 실험실에서 만든 고기는 가격이 450g에 약 1,000만 원이나 할 정도로 너무 비싸서 진짜 고기를 대신할 수 없어요. 하지만 과학자들은 적어도 5년 이내에 인공 고기를 생산하는 비용이 낮아져, 많은 사람이 편하게 인공 고기를 사 먹을 수 있게 될 거라고 기대하고 있어요.

단어풀이

배양이란 생물체나 생물체의 일부를 인공적으로 조절한 환경 조건에서 키우는 일이에요.

인공 소고기

저렇게 좁은 곳에서 살다니…!

양계장에 갇혀 사는 닭들. 이들은 좁은 공간에서 모이와 물을 먹으며 계속 달걀을 낳는다.

    왜 인공 달걀이나 고기를 만들까요? 달걀과 고기를 얻기 위해 동물을 키우는 과정을 없앨 수 있기 때문이에요. 지금은 적은 돈으로 많은 고기를 만들어내기 위해 매우 좁은 공간에서 동물을 기르고 있어요. 예를 들어 달걀을 낳는 닭은 A4 종이 한 장보다도 작은 곳에 갇혀서 철망에 둘러싸인 채 평생 알을 낳아요. 이런 환경은 동물들에게 고통을 주게 되지요.

    하지만 세포를 배양해서 고기를 만들면 좁은 공간에 가둬 놓고 동물을 사육할 필요가 없어요. 또 실험실에서 관리하기 때문에 더 위생적이지요. 가축을 한꺼번에 여러 마리 사육하면서 생기는 전염병이나 오염, 환경 파괴도 막을 수 있고요. 가축을 죽일 필요가 없다는 장점도 있답니다.

도전!

난센스 퀴즈를 풀어라!

이번엔 달걀들이 나타나 자신들이 나타내는 단어를 맞추라고 하네요. 문제는 난센스 퀴즈예요. 번뜩이는 창의력으로 문제를 맞춰 보세요!

● 정답은 133쪽에 있어요.

1

☐ ☐ ☐ ☐

2

☐ ☐

3

☐ ☐ ☐ ☐

4

☐ ☐ ☐ ☐ ☐

언제부터 닭을 기르기 시작했을까? **22쪽으로 GO!**

23 닭 때문에 독감에 걸린다고?

닭이나 새가 걸리는 독감을 조류독감이라고 불러요.
원래 조류독감은 새들만 걸리는 전염병이었어요.
그런데 사람도 조류독감에 걸릴 수 있답니다.

닭이 조류독감에 걸리면 기침과 설사를 한대.

　원래 독감은 다른 종 사이, 그러니까 새에서 사람으로나 사람에서 새에게로 쉽게 전염되지 않아요. 새의 독감은 새끼리, 사람의 독감은 사람끼리만 전염되거든요. 이런 현상을 '바이러스의 종 특이성'이라고 해요. 바이러스가 생물의 세포 안으로 들어가서 감염시킬 때 새를 감염시키는 바이러스는 새의 세포만, 사람을 감염시키는 바이러스는 사람 세포만 인식해 세포 안으로 들어갈 수 있거든요. 바이러스 표면에는 세포막을 붙잡아 세포 안으로 들어갈 수 있는 돌기가 있는데, 마치 열쇠와 자물쇠처럼 특정한 종의 세포만 돌기에 딱 들어맞기 때문이에요.
　그런데 지난 2003년, 조류독감이 사람에게 전염되는 일이 벌어졌어요. 사람의 세포에도 침입할 수 있게 조류독감 바이러스의 돌기가 변한 거예요. 우리나라는 아직 조류독감이 사람에게

독감에 안 걸리려면 어떻게 해야 할까?

독감과 감기는 다르다?

독감을 독한 감기라고 생각하는 경우가 있지만, 독감과 감기는 엄연히 달라요. 독감과 감기는 각각 병을 일으키는 바이러스가 다르거든요. 감기는 코로나 바이러스나 아데노 바이러스 같은 여러 바이러스가 코나 목에 침입해서 걸려요. 콧물이나 기침, 열이 나지만 자연적으로 낫지요.

하지만 독감은 인플루엔자 바이러스가 일으켜요. 이 때문에 독감을 '인플루엔자'라고도 부르지요. 독감은 고열, 오한, 두통, 근육통 또는 피로감과 같은 전신 증상과 함께 기침, 인후통과 같은 호흡기 증상이 있는 급성 열성 호흡기질환이지요. 무척 괴롭고, 심할 경우 사람이나 동물을 죽게 만들기도 해요. 전염성과 사망률에 따라 고병원성과 저병원성으로 구분하는데, 고병원성이 더 많은 사람이나 가축을 죽게 만들어요. 지난 2017년에는 고병원성 조류독감이 돌아 닭이나 오리 같은 가금류 3000만 마리가 **살처분**되기도 했어요.

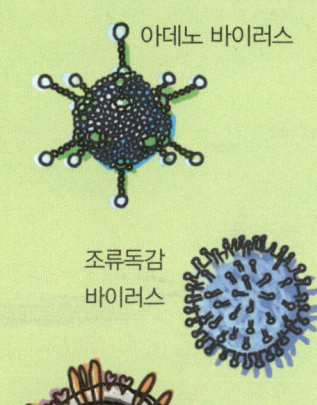

아데노 바이러스

조류독감 바이러스

인플루엔자 바이러스

전염된 경우가 없지만 해외에서는 조류독감이 사람에게 전염된 사례가 650건 이상이에요. 또 사람이 조류독감에 감염되어 사망한 경우도 있기 때문에 주의가 필요해요.

　조류독감이 유행할 때는 닭이나 오리 같은 가금류를 키우는 농장에 가지 말고, 닭고기나 오리고기, 달걀 등을 완전히 익혀 먹어야 해요. 조류독감 바이러스가 남아 있는 고기라 해도 70℃에서 30분, 75℃에서 5분 이상 끓이면 바이러스는 죽기 때문에 충분히 익힌 닭고기나 달걀은 먹어도 안전하답니다.

단어 풀이

살처분은 전염병이 퍼져나가는 것을 막기 위해 감염 동물, 이와 접촉한 동물, 같은 축사의 동물 등을 죽여서 처분하는 일을 말해요.

112쪽으로 GO!

달걀은 어떻게 바이러스를 막을까?

42쪽으로 GO!

24 달걀이 사람을 살린다고?

닭의 조류독감이 사람에게 옮는 일도 있지만 달걀 덕분에
수십억 명의 사람들이 질병에 걸리지 않고 목숨을 구할 수 있어요.
바로 달걀로 백신을 만들기 때문이랍니다.

이 백신이 인류를 구한 영웅이야!

　예방주사를 맞을 때 주사기 안에 들어 있는 액체가 바로 백신이에요. 백신은 질병을 일으키는 바이러스를 막기 위해 맞아요. 독감도 백신으로 예방할 수 있지요. 그런데 재미있게도 백신을 만들기 위해서는 질병을 일으키는 바이러스를 많이 만들어야 한답니다. 백신의 주요 성분이 바로 바이러스이기 때문이에요. 바이러스를 많이 만들어서 질병을 일으킬 수 없을 정도로 약하게 한 뒤, 주사액으로 바꾸면 예방주사를 위한 백신이 된답니다.
　바이러스를 많이 만들기 위해서는 살아 있는 세포가 필요해요. 바이러스는 스스로는 그 수를 늘리지 못하고, 살아 있는 세포를 감염시켜서 기생해서만 번식할 수 있거든요. 다른 생물의 세포나 박테리아는 스스로 자신의 DNA와 RNA 같은 유전물질을 복제해서 수를 늘려요. 하지만 바이러스는 세포나 박테리아

에 비해 구조가 아주 간단해서 유전물질을 복제하는 물질이 없지요. 그래서 바이러스는 아래 그림처럼 다른 살아 있는 세포에 들어가서, 세포의 유전물질 복제 과정을 이용해 자신의 유전물질을 늘린답니다. 이 과정을 이용해 살아 있는 세포로 백신에 쓸 바이러스를 만들어요.

바이러스의 공격!

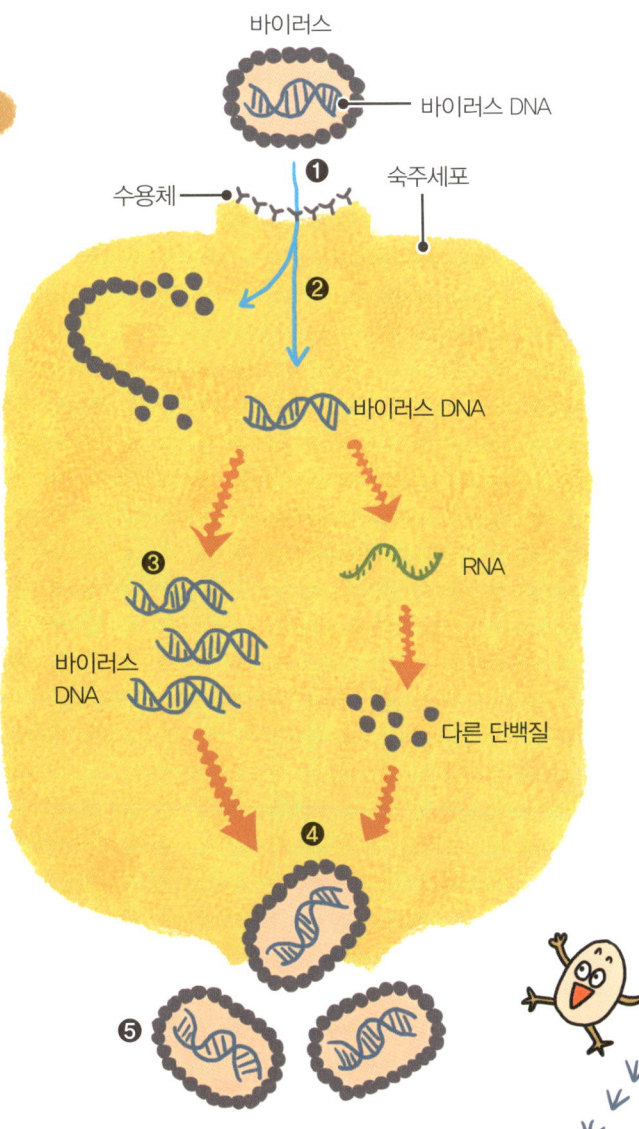

❶ 바이러스가 돌기를 이용해 세포에 달라붙고, 세포 속으로 들어가요.

❷ 바이러스의 유전물질이 세포핵으로 들어가요.

❸ 바이러스의 유전자가 들어간 세포의 핵과 소기관들은 바이러스 유전자를 복제해요.

❹ 그 결과 수많은 바이러스가 만들어져 세포 밖으로 나가요. 이 때 바이러스에 감염되어 있던 세포는 막이 터져 죽게 되지요.

❺ 세포 밖으로 나간 바이러스는 또 다른 세포를 감염시켜요.

바이러스를 키우는 세포가 바로 달걀이구나!

백신을 만들 때는 사람 세포에 바이러스를 감염시켜서 바이러스를 만들 순 없으니 다른 생물의 세포를 이용해야 해요. 그 중에서도 특히 달걀을 가장 많이 이용해요. 동물의 세포를 이용해 바이러스를 늘리는 방법보다 가격이 싸기 때문이지요.

바이러스를 키우기 위해 사용하는 달걀은 조금 특별해요. 깨끗하게 관리되는 양계장에서 항생제나 백신을 사용하지 않은 닭이 낳은 달걀만 사용하거든요. 또 수탉과 암탉이 짝짓기를 해서 낳은 유정란만 바이러스를 키우는 데 사용할 수 있어요. 유정란 안에서 '세포분열'이 일어날 때 바이러스도 많아지기 때문이에요. 암탉 홀로 낳은 무정란은 세포분열이 일어나지 않아 바이러스를 많이 키울 수 없답니다.

먼저 유정란을 따뜻한 부화기에 넣어 10일 정도 키워요. 그 동안 달걀 속에서 세포들이 무럭무럭 자라서 아주 많아져요. 여기에 바이러스를 주사기로 넣고 3일간 더 키워요. 그러면 바이러스가 달걀 속 세포를 감염시키고 계속해서 수가 늘어난답니다. 달걀 속에서 늘어난 바이러스를 뽑아내 빙글빙글 돌아가는 원심분리기에 넣으면 바이러스만 분리할 수 있어요. 이 바이러스가 병을 일으킬 수 없게 열이나 화학약품 처리를 한 뒤 유리병에 넣으면 백신이 완성되지요.

바이러스를 뽑아내고 남은 유정란은 75℃에서 30분 이상 가열해서 버려요. 그러면 달걀에 남아 있던 바이러스가 모두 죽어서 병을 일으키거나 다른 곳으로 퍼지지 못하거든요. 한 사람이 맞을 양의 백신을 만들기 위해서는 1~2개의 달걀이 필요해요. 그래서 아주 많은 달걀이 백신을 만드는 데 이용되고 있답니다.

백신을 맞지 않으면 어떻게 될까? 116쪽으로 GO!

달걀로 백신을 만드는 과정

❶ 아래 그림은 신종플루를 일으키는 바이러스로 백신을 만드는 과정이에요. 이 바이러스는 8개의 유전자를 갖고 있는데, 그중 중요한 2개의 유전자를 달걀에 넣어서 키운답니다.

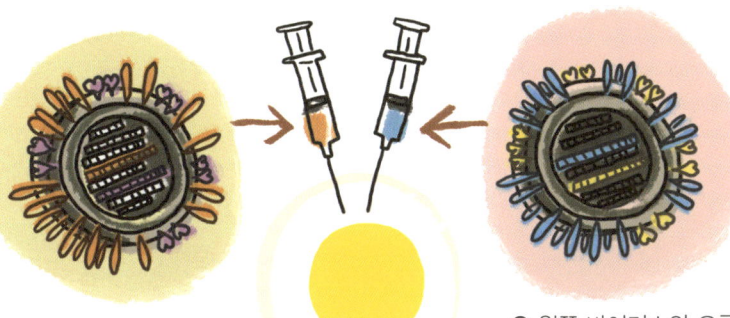

❷ 왼쪽 바이러스와 오른쪽 바이러스에서 각각 뽑은 유전자들을 달걀에 넣어요. 두 유전자는 달걀 안에서 결합해 새로운 바이러스를 만들어내요.

❸ 3일쯤 지나면 새로운 종류의 신종플루 바이러스가 잔뜩 생겨나요. 달걀 위를 자르고 이 바이러스만 빼내요.

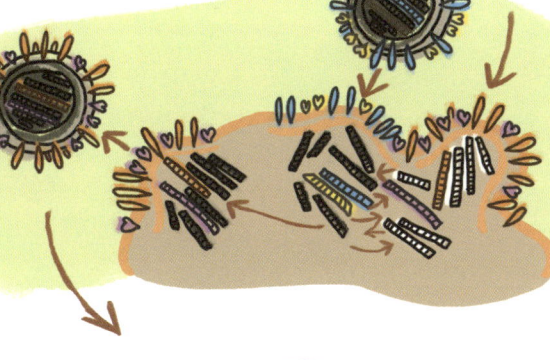

❹ 바이러스를 죽이고 항원만 남겨서 백신을 만들어요.

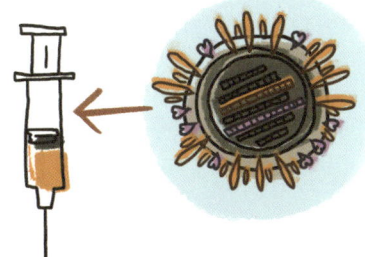

25 백신은 어떻게 바이러스를 막을까?

백신은 우리 몸을 직접 지키는 게 아니라 우리 몸을 지키는 '군사들'을 훈련시켜요. 이 과정을 자세하게 알기 위해서는 우리 몸의 면역반응에 대해 먼저 이해해야 한답니다.

면역반응은 우리 몸이 질병으로부터 스스로를 지키는 반응이에요. 더 자세하게는 자기 자신의 물질과 외부에서 침입한 물질을 구별해, 외부물질을 제거하는 인체의 능력을 말해요.

이때 중요한 것이 항원과 항체예요. 항원은 세균이나 바이러스 같이 외부에서 우리 몸으로 침입한 물질이에요. 항체는 우리 몸을 지키는 병사라고 할 수 있지요. 항원이 우리 몸에 들어오면 면역반응이 일어나 백혈구 중 한 종류인 '혈장 B 세포'가 항체를 만들어요. 항체는 항원에 붙어서 질병을 일으키지 못하게 하고, 백혈구들에게 이 항원을 파괴하라고 알려주지요. 항원에 따라 딱 맞는 항체가 만들어져요. 예를 들어 A 항원에는 A 항체, B 항원에는 B 항체가 만들어지지요. 우리 몸에는 수천만 종류의 항체가 있는데, 한 항원에는 이와 딱 맞는 항체만 붙을 수 있어요. 이를 '항원항체반응'이라고 하지요.

백혈구들이 모든 항원을 무찌른 뒤에도 우리 몸은 항체를 만드는 방법을 기억하고 있어요. 그래서 다시 같은 항원이 침입했을 때 재빨리 항체를 만들어 병에 걸리지 않게 한답니다. 이처럼 우리 몸이 항원을 무찌르는 방법을 기억하기 때문에 백신이 효과가 있어요. 백신 속 바이러스는 열이나 화학약품 때문에 이미 약해진 상태예요. 그래서 질병을 일으키지 못하지만, 우리 몸이 항체를 만들고 기억할 수 있게 해요. 이 덕분에 다음에 질병을 일으키는 바이러스가 침입했을 때 재빨리 물리칠 수 있게 된답니다.

그런데 왜 독감은 빨리 물리치지 못하고 자꾸 다시 걸릴까요? 그 이유는 독감을 일으키는 인플루엔자 바이러스가 쉽게 변이를 일으키기 때문이에요. 변이를 일으킨 바이러스는 마치 새로운 바이러스 같아서, 우리 몸이 미리 기억해 둔 항체가 소용없답니다. 그래서 매년 그 해에 유행할 것으로 예상되는 인플루엔자 바이러스 종류로 독감 백신을 만들고, 이걸 우리가 맞는 거예요. 반면 소아마비나 풍진을 일으키는 바이러스는 백신을 한 번만 맞아

면역세포가 항원을 없애는 과정

❶ 백혈구의 면역세포는 예전에 왔던 항원을 기억하고 있어요.

❷ 항원이 들어오면 면역세포가 맞는 항체를 내보내요.

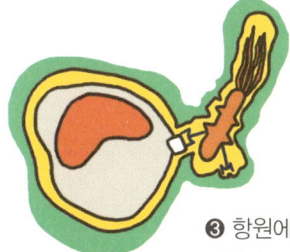

❸ 항원에 붙은 항체는 면역세포에 달라붙어요.

❹ 면역세포는 항체가 데려 온 항원을 끌어들여요.

❺ 면역세포는 항원을 잡아먹어 없애버려요.

현재 백신으로 예방 가능한 질병 26가지

콜레라, 뎅기열, 디프테리아, A형간염, B형간염, E형간염, B형헤모필루스인플루엔자, 자궁경부암, 인플루엔자, 일본뇌염, 말라리아, 홍역, 수막구균성수막염, 유행성이하선염, 백일해, 폐렴구균성질환, 소아마비, 광견병, 로타바이러스, 풍진, 파상풍, 진드기에 의한 뇌염, 결핵, 장티푸스, 수두, 황열병

도 평생 예방할 수 있답니다.

하지만 가까운 미래에는 독감 백신을 한 번만 맞아도 될지 몰라요. 과학자들이 다양한 변이를 일으킨 인플루엔자 바이러스를 한 번에 예방할 수 있는 '범용 백신'을 개발하고 있거든요. 또 암이나 당뇨병을 치료하는 백신, 충치 예방 백신 등 새로운 백신도 개발 중이랍니다.

인간이 백신의 원리를 처음 알게 된 것은 지금으로부터 약 2,500년 전이에요. 기원전 430년에 그리스의 역사학자인 투키디데스가 쓴 펠로폰네소스 전쟁 기록을 보면 "전염병에 걸렸다가 회복된 사람만 같은 병에 걸린 환자를 간호할 수 있다"라고 적혀 있어요. 한 번 질병에 걸렸다가 나으면 다시 같은 병에 걸리지 않는다는 사실을 이해하고 있었던 거예요.

그로부터 한참 뒤인 15세기(1401년~1500년)가 되어서야 백신과 비슷한 개념이 만들어졌어요. 이때 중국에서는 천연두를 약하게 앓은 사람들로부터 얻은 물집이나 딱지를 가루로 만든 뒤, 이를 다른 사람의 몸속에 집어넣어 면역을 만들었다는 기록이 있어요. 이런 방법을 '종두'라고 하는데, 인도와 아랍을 거쳐 유럽으로 전해졌답니다. 종두법으로 천연두에 감염되어 죽는 사람은 크게 줄었지만, 오히려 접종으로 천연두에 감염되는 사람들도 생겨나곤 했어요.

이 문제를 해결한 사람이 바로 에드워드 제너예요. 제너는 소에게 발생하는 천연두와 유사한 질병인 '우두'에 걸리면 천연두에 걸리지 않는다는 사실을 알고, 1796년 우두에 걸린 사람의 고름을

우리 조상님이 백신 발견에도 힘을 썼다니!

어린아이에게 접종했어요. 아이는 천연두에 걸리지 않았고, 제너의 우두법은 곧 전 유럽으로 퍼졌어요. 우리나라는 1879년 지석영이 처음으로 우두법을 시행했어요.

지금 우리가 쓰는 것 같은 백신은 1873년 루이 파스퇴르가 개발했어요. 재미있게도 닭 덕분에 백신을 개발할 수 있었답니다. 파스퇴르는 우연히 닭 콜레라균을 실험실에 며칠 놔뒀다가 닭에게 주사했어요. 그러자 닭은 콜레라에 걸리지 않았어요. 나중에 강력한 콜레라 균을 주사해도 닭이 죽지 않는다는 사실도 밝혀졌지요. 오래된 균을 주사하면 병에 걸리지 않고도 면역이 생긴다는 사실을 알게 된 거예요. 파스퇴르는 이렇게 면역력은 만들지만 질병은 일으키지 못하는 균에 백신이라는 이름을 붙였어요. 백신은 라틴어로 암소를 의미하는 배카(vacca)에서 유래했는데, 암소를 이용해 우두법을 개발한 제너를 기리며 붙인 이름이랍니다.

백신은 계속 발전하고 있어요. 작은 마이크로 바늘이 붙어 있는 주사나 먹는 백신, 붙이는 백신 등 아프지 않게 백신을 접종하는 방법도 연구되고 있답니다. 곧 주사가 싫어도 백신은 전혀 무섭지 않은 세상이 오겠죠?

실험실에 있는 루이 파스퇴르

우두를 접종하고 있는 에드워드 제너

26 백신 주사 무서운데 꼭 맞아야 할까?

주사가 아프고 무서워서 백신을 싫어하는 친구가 있을 거예요. 종교나 믿음 때문에 백신에 대한 나쁜 소문을 퍼뜨리는 사람도 있지요. 하지만 백신은 꼭 맞아야 한답니다!

백신은 질병을 예방하는 가장 확실한 방법이에요. 국가가 나서서 백신을 퍼트리기 전, 미국에서는 매년 약 1만 6,000명의 폴리오 바이러스(소아마비) 환자가 발생했어요. 하지만 백신 접종 프로그램 덕분에 현재는 거의 100% 예방되고 있지요. 우리나라의 경우 B형간염 백신이 일반적으로 쓰이기 전인 1980년대 초에는 B형간염 바이러스 감염률이 남자 8~9%, 여자 5~6%로 세계에서 가장 높았어요. 하지만 1990년 이후 국가 예방접종 사업이 시작되면서 감염률이 줄어들어 최근 바이러스 감염률은 0.2%로 크게 낮아졌답니다. 디프테리아, 백일해, 홍역, 유행성이하선염(볼거리), 풍진 같이 아기와 유아, 어린이가 걸릴 수 있는 치명적인 질병들도 백신으로 거의 완벽하게(98~100%) 예방되고 있어요. 현재 전 세계적으로 백신 접종 프로그램이 운영되고 있으며, 우리나라에서도 '어린이 국가예방접종 지원사업'을 통해 꼭 필요한 예방접종 17종을 무료로 맞을 수 있어요. 약 80% 이상의 아기와 유아, 어린이가 백신을 맞는 덕분에 매년 약 300만 명의 사망을 미리 막을 수 있답니다.

백신을 맞는 것은 서로가 서로를 지켜주는 선행이 될 수 있어요. 나와 내 가족이 맞은 백신이 다른 사람을 지켜주기도 하고, 다른 사람이 맞은 백신이 나와 내 가족을 지켜주기도 하거든요. 바로 '집단면역' 때문이랍니다. 집단면역은 대부분의 사람이 면역력을 가지고 있으면 면역력이 없는 사람이 섞여 있어도 집단 내에 전염병이 퍼지는 것을 막을 수 있다는 개념이에요. 백신을 맞지 않아 면역력이 없는 집단에 전염병이 등장하면 순식간에 질병이 퍼져나가요. 그러나 많은 사람이 백신을 맞아 면역력을 가지고 있으면, 면역이 없는 사람이 있어도 전염병이 더 이상 전파되지 못하거나 적은 수의 사람만 질병에 걸리게 되지요.

천연두는 집단면역으로 사라진 대표적인 전염병이에요. 백신으로 모든 사람이 천연두에 면역력을 가지게 되었기 때문에 질병이 없어진 것이 아니라, 집단면역으로 천연두가 전파되지 못하고 영원히 사라진 것이랍니다.

집단면역이 있으니까 나 하나쯤은 백신을 맞지 않아도 된다고 생각하는 경우가 있어요. 하지만 하나쯤이라는 생각으로 여러 사람이 백신을 맞지 않으면 집단면역은 무너져 버리게 된답니다. 실제로는 미국에서 벌어진 백신 거부 때문에 2015년부터 홍역이 무서운 속도로 퍼지기 시작했어요. 2018년에는 세계 전체로 퍼졌답니다.

집단면역, 어떻게 사람들을 지켜줄까?

- 🔵 면역력이 없는 사람
- 🟢 면역력이 있는 사람
- 🔴 병에 걸린 사람

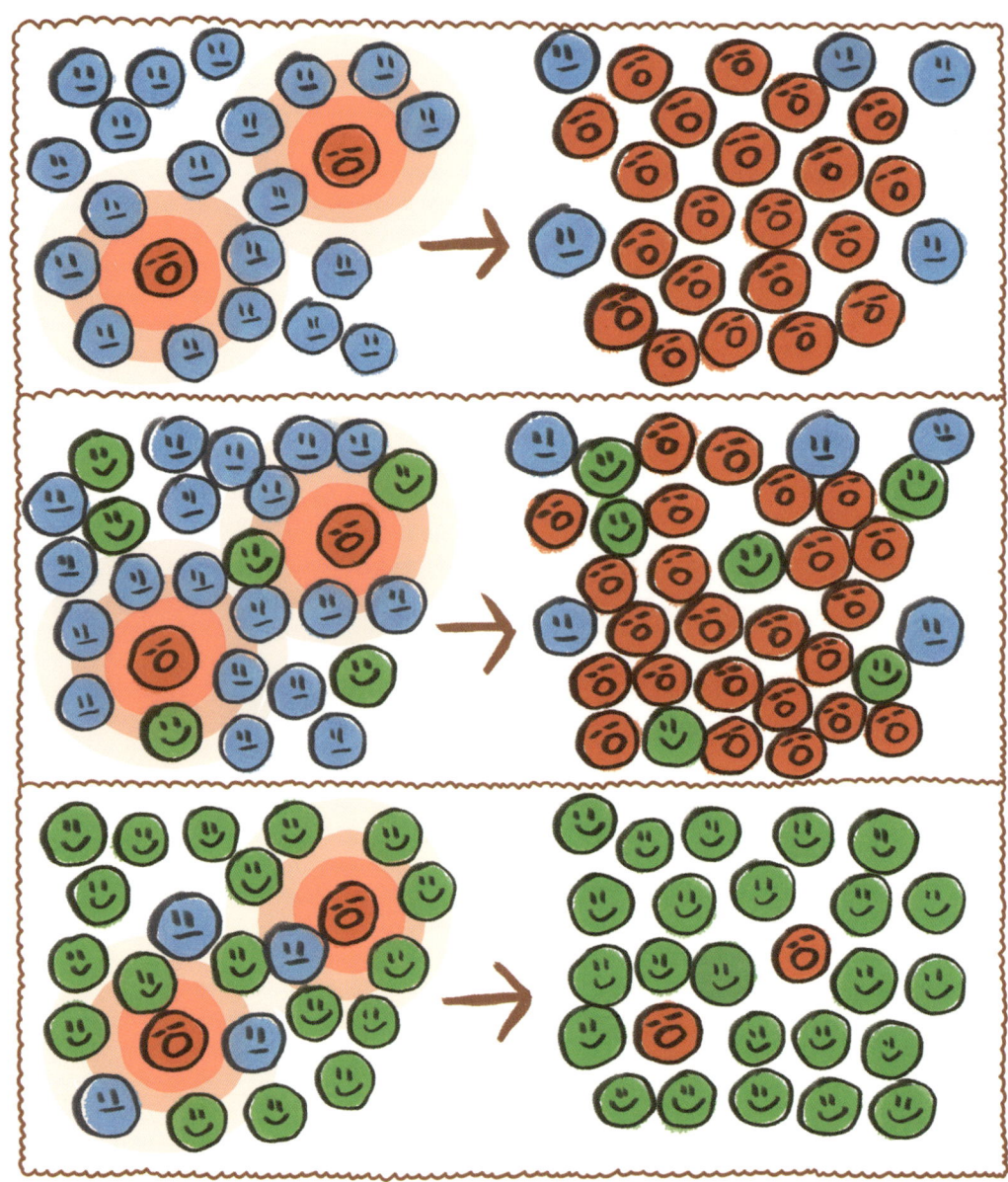

집단면역은 집단에 있는 사람들이 얼마나 많이 백신을 맞았는지에 따라 달라요. 백신 접종률이 높으면 집단면역 역시 잘 작동해 질병이 퍼지는 것을 막을 수 있지요. 하지만 백신 접종률이 낮아지면 집단면역이 줄어들게 되고, 결국 집단 전체에 병이 퍼지게 된답니다.

우리가 맞은 백신은 태어난 지 얼마 되지 않아 백신을 맞을 수 없는 아기와 알레르기 반응으로 백신을 맞을 수 없는 친구, 암 같은 질병에 걸려 면역력이 떨어진 사람을 집단면역으로 보호할 수 있어요. 나를 위해서뿐만 아니라 가족과 친구들, 그리고 우리 모두를 위해 백신을 꼭 맞아야겠죠?

백신 거부가 얼마나 무서운지 잘 알았지?

인도에서 어린이에게 백신 접종 사업을 펼치는 모습

27 알에서 태어난 사람이 있다고?

사람은 엄마 배 속에서 자란 뒤 태어나요. 그런데 알에서 태어났다는 사람들이 있어요. '한국을 빛낸 100명의 위인들' 노래에도 "알에서 나온 혁거세~" 라는 가사가 있지요.

〈삼국사기〉나 〈삼국유사〉를 보면 고구려의 시조 동명왕(주몽)은 하백의 딸 유화가 낳은 알에서 태어났어요. 신라를 세운 박혁거세는 하늘에서 내려온 자줏빛 알에서, 금관가야의 왕인 김수로왕은 황금알에서 태어났다고 해요. 정말 알에서 태어난 사람이 있는 걸까요?

역사학자들은 이 사람들이 실제로 알에서 태어난 것이 아니라 옛날 사람들이 알을 신성하게 여겼기 때문에 설화를 만들었을 것이라고 해요. 옛사람들은 알이 생명의 상징이면서 태양이나 하늘을 나타낸다고 여겼어요. 그렇기 때문에 알에서 태어났다는 이야기는 하늘이 내려준 훌륭한 사람이라는 점을 강조해 주었

알알이의 궁금증! 사람은 어떻게 태어나는 걸까? 52페이지로 GO!

답니다.

　알을 상서롭게 여겼다는 사실은 유물로도 남아 있어요. 신라시대의 고분 '천마총'에서는 화려한 금관과 금제 귀걸이, 유리컵 등 1만 점이 넘는 유물들이 출토되었어요. 죽은 자를 위해 다양한 물건을 무덤에 넣는 것을 '껴묻거리'라고 하는데, 이 껴묻거리가 출토된 거예요. 여기에는 항아리에 담긴 달걀도 있었답니다. 달걀은 고분의 주인이 새로운 생명으로 탄생하길 기원하는 마음에서 넣었을 것으로 추정하고 있어요.

　우리나라만이 아니에요. 외국에서는 예수의 부활을 기념하는 부활절에 알록달록 예쁘게 꾸민 달걀을 선물로 주고받아요. 달걀은 겉으로는 죽은 듯 보이지만 그 안에는 새로운 생명이 깃들어 있는 생명의 상징이기 때문이지요. 로마 속담으로 "모든 생명은 알에서부터 나온다"라는 말도 있어요. 고대 이집트에서도 부활을 상징하는 의미에서 달걀을 제단에 바치는 풍습이 있었고, 인도의 카시 족은 죽은 자의 배꼽 위에 달걀을 얹어서 묻었어요. 이처럼 달걀은 세계 곳곳에서 생명과 새로운 탄생을 의미했답니다.

천마총에서 나온 금제 관모와 달걀

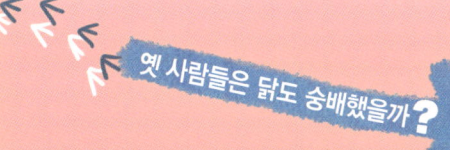
옛 사람들은 닭도 숭배했을까? 22쪽으로 GO!

알알이의
인사

내가 어디에서 왔는지, 여기가 어딘지,
내가 무엇을 할 수 있는지 몰랐는데 친구들과 함께
달걀 나라를 여행하면서 정말 많은 것을 알게 되었어.
달걀은 생명을 탄생시키고, 생명을 살리는 백신도 만드는
멋진 존재라는 걸 알게 되어서 정말 뿌듯해~!
달걀 나라는 알면 알수록 신비해.
다음에 또 나랑 같이 여행하자!
책장만 펼치면 내가 있을 테니까 말이야~!

단어 풀이

ㄱ

가금류 닭, 오리, 거위 등 알과 고기를 얻기 위해 가축으로 기르는 조류

가축 사람이 일에 쓰거나 고기, 알을 얻기 위해 길들여 키우는 동물

검란 밝은 빛을 비춰 달걀 속 병아리가 제대로 잘 자라는지 확인하는 일

계면활성제 물을 좋아하는 친수성 부분과 물을 싫어하는 소수성 부분을 모두 갖고 있어서 기름과 물을 섞이게 하거나, 물질에서 기름을 떼어낼 수 있는 화학물질. 세제, 달걀 흰자, 비누는 모두 계면활성제다.

골수 뼈 속에서 뼈가 만들어지는 부분. 푹신하고 말랑말랑한 재질이다.

공룡 중생대에 살았던 육상 파충류의 한 종류. 6500만 년 전 대멸종기에 한꺼번에 멸종했다. 공룡과 같은 시기에 살던 파충류 중 물속 동물은 수장룡이나 어룡, 하늘을 나는 파충류는 익룡이라고 부른다.

기생 한 생물이 다른 생물에 붙어서 영양분을 빼앗거나 이득을 얻으며 사는 일. 두 생물이 서로 이득을 주고받으면 공생이라고 한다.

기실 새의 알 안쪽에 있는 얇은 막 두 장이 서로 벌어진 공간으로 공기주머니라고도 한다. 낳은 지 오래된 알일수록 기실의 크기가 크다.

기후 한 지역에서 오랜 기간 동안 나타난 날씨 변화를 합친 것. 우리나라는 온대 기후, 아프리카는 열대 기후대에 속한다. 요즘에는 지구온난화 때문에 전 지구에서 기후가 이상하게 변하는 '기후변화' 현상이 나타나고 있다.

ㄴ

난각막 새의 알 껍데기 안쪽에 있는 얇은

막. 두 장으로 이루어져 있으며 미생물의 침입을 막고 노른자와 배반을 보호한다.

난생 닭처럼 어미가 낳은 알에서 자라나 태어나는 것

난소 동물 암컷이나 인간 여성의 몸에 있는 기관으로 난자나 난포를 만든다.

난자 사람을 포함해 동물 암컷의 몸에서 나오는 생식세포. 자손에게 전해 줄 유전물질과 함께 아기를 키우는 영양분이 들어 있다.

난치 달걀 속 병아리가 달걀 껍데기를 깰 수 있도록 부리에 달린 볼록한 부분. 부화한 지 1~2일이 지나면 사라진다.

난태생 알에서 태어난 후 어미의 배 속에서 보호받다가 세상에 나오는 것

단공류 포유류 중에서 가장 원시적인 종류로 새끼 대신 알을 낳는다. 오리너구리, 가시두더지는 모두 단공류다.

단백질 우리 몸에 꼭 필요한 영양소 중 하나로 우리 몸을 만든다.

당 탄수화물 중에서 물에 녹으면 단맛이 나는 성분을 통틀어 말하는 것. 설탕이나 전분은 모두 당에 속한다.

대리암 석회암이 땅속에서 열과 압력을 받으면서 성질이 변해 만들어진 암석. 무늬가 아름다워서 건축이나 조각 재료로 주로 쓰인다.

돌연변이 DNA 일부가 변해서 유전물질에 담긴 정보가 바뀌는 것. 돌연변이가 자손대로 전달되면 진화가 일어난다.

동위원소 핵을 이루는 양성자의 수는 같지만 중성자의 수는 다른 원소. 원자번호와 화학적 성질은 같다.

라이소자임 달걀의 흰자에 들어 있는 단백질로 미생물의 침입을 막는 역할을 한다. 우리 몸의 침, 눈물, 피, 오줌에도 들어 있다.

ㅁ

마이크로미터 100만 분의 1미터

면역반응 몸에 원래 있던 물질과 외부에서 침입한 물질을 구별해, 외부 물질을 없애는 인체의 능력

멸종 한 종류의 생물이 모두 죽어 사라지는

일. 많은 종류의 생물이 한꺼번에 멸종하는 일을 '대멸종'이라고 한다.

모래주머니 조류의 몸속에 있는 기관. 아주 작은 돌이나 모래가 담겨 있다. 이빨을 대신해 먹이를 잘게 부수고 가는 역할을 한다.

무기질 생명체의 기본인 탄소, 수소, 산소, 질소를 뺀 나머지 원소를 모두 일컫는 말. 칼슘, 나트륨, 마그네슘 등 많은 무기질이 우리 몸에 꼭 필요한 영양소로 쓰인다.

미생물 우리 눈에 보이지 않을 정도로 작은 생물. 주로 세포 하나로 이루어진 단세포 생물이다.

밀도 일정한 크기 안에 물질이나 입자가 빽빽하게 들어차 있는 정도. 고체는 밀도가 높지만 기체는 밀도가 낮다.

바이러스 아주 작은 크기의 입자로 이루어진 생물과 무생물의 중간 단계. 생물과 달리, 평소에는 아무런 활동을 하지 않지만 살아 있는 생물의 몸 속에 들어가면 움직이고 자손을 만들 수 있다.

발암물질 암을 일으키거나 암의 원인이 될 수 있는 물질

배설물 몸에서 필요 없는 음식물 찌꺼기와 수분, 독이 되는 물질 등을 내보낸 것. 주로 똥과 오줌을 말한다.

배반 달걀 노른자 위에 있는 작은 흰 점. 유정란의 배반은 자라서 병아리가 된다.

배아 수정란이 세포분열을 해 만들어진 덩어리. 각 세포들이 기관을 만들면서 태아로 자라난다. 사람의 경우 수정란이 자궁벽에 붙은 지 9주까지는 배아라고 한다.

배양 생물체나 생물체의 일부를 인공적으로 조절한 환경 조건에서 키우는 일.

백신 몸에 들어온 바이러스를 막기 위해 미리 약하게 힘을 빼놓거나 죽인 바이러스로 만든 약. 병을 예방하기 위해 몸에 백신을 주사하는 걸 '예방접종'이라고 한다.

백혈구 피를 이루는 성분 중 하나. 몸에 들어온 침입자를 물리치는 역할을 한다.

번식 생물이 자손을 만드는 일

부화 알에서 새끼가 깨어나는 일

분자 물질의 성질을 가진 가장 작은 입자

비타민 우리 몸의 물질 흐름이나 여러 가지 기능을 조절하는 필수 영양소. 크게 기름에 녹는 지용성 비타민과 물에 녹는 수용성 비타민이 있다. 비타민D 같이 우리 몸에서 만들

수 있는 비타민은 매우 드물기 때문에, 대부분 식품으로 섭취해야 한다.

ㅅ

산 물에 녹았을 때 이온화해서 수소 이온 H⁺을 내놓는 물질. 산성도를 나타내는 지수인 pH(페하)가 7보다 낮다. 신맛이 나고 단백질을 응고시킨다.

살처분 전염병이 퍼져나가는 것을 막기 위해 동물을 죽여서 처분하는 일

석순 석회 동굴의 바닥에서 위쪽으로 기둥처럼 자라난 돌. 물속에 녹은 탄산칼슘 성분이 다시 굳어서 만들어진다.

석회암 조개 껍데기, 산호 같은 탄산칼슘 성분의 생물체가 쌓여서 만들어진 암석. 물속의 탄산 성분에 잘 녹기 때문에 석회암이 많은 지역에는 동굴이 생기기 쉽다. 우리나라의 강원도가 대표적이다.

세균 세포 하나로 이루어져 있고 세포 안에 핵이 없는 미생물. 병을 일으키는 종류가 많다.

세포 생물을 이루는 가장 기본적인 단위

세포막 세포를 둘러싸고 있는 얇은 막. 동물 세포는 세포막만 있지만 식물 세포는 세포막 겉을 두꺼운 세포벽이 둘러싸고 있다.

세포분열 하나의 세포가 여러 개로 갈라지는 현상. 수정란은 세포분열을 일으켜 배아가 된다.

수각류 두 다리로 걷고 날카로운 이빨과 발톱으로 육식을 하던 공룡의 한 종류. 티라노사우루스, 벨로키랍토르 같은 무서운 공룡은 모두 수각류에 속한다. 조류의 조상이기도 하다.

수용체 자극을 받아들이는 기관. 눈, 귀, 코, 혀 등과 같은 감각기에 많이 있다.

수정란 수컷의 정자와 암컷의 난자가 만나 생긴 하나의 세포. 수정란이 여러 개의 세포로 분열하면 배아가 된다.

슈퍼컴퓨터 컴퓨터들 중에서 가장 빠르게 많은 양의 계산을 할 수 있는 컴퓨터. 보통 계산 속도가 세계 500위 안에 들어가면 슈퍼컴퓨터라고 부른다.

신종플루 인플루엔자 바이러스가 변이를 일으켜서 생겨난 새로운 독감

실명 사고나 병으로 시력을 잃는 것

아미노산 단백질을 만드는 기본 단위. 세상에는 다양한 아미노산이 있으며 우리 몸을 구성하는 데 꼭 필요한 20가지 아미노산을 '필수아미노산'이라고 한다.

알레르기 꽃가루, 음식물, 동물의 털, 약품 같이 해롭지 않은 물질을 몸이 '적'으로 받아들이고 면역반응을 일으키는 현상

암모니아 몸에서 음식물을 소화하는 과정에서 생기는 독성 물질. 톡 쏘는 지린내가 나며 오래된 화장실 냄새의 원인이다.

에어로포일 아래쪽이 편평하고 위쪽이 둥그스름한 형태. 비행기 날개를 잘라 단면을 보면 에어로포일 모양이다. 물체를 떠받치는 힘을 만들기 쉽다.

양수 태아를 둘러싼 막과 태아 사이에 있는 액체. 포유류의 태아는 양수에 떠서 자라난다.

어류 물속에서 살며 지느러미로 헤엄치고 아가미로 호흡하는 동물

열대우림 비가 많이 오는 열대 지역에 우거진 넓은 숲. 생물이 다양하게 살고 산소를 많이 만들어내며 지구의 환경을 유지한다.

염기 물에 녹아 수산화이온(OH^-)을 만드는 물질. 산성도를 나타내는 pH(페하)가 7보다 높다. 쓴맛이 나며 단백질을 녹이는 성질이 있다.

염색체 DNA가 돌돌 말려서 만들어진 유전 물질. 세포마다 46개가 23쌍을 이루고 있다. 이중 1쌍은 성별을 결정하는 성염색체이다.

요소 암모니아보다 독성이 적은 물질. 비료의 재료다.

원심분리기 액체를 빠르게 돌려서 들어 있는 물질을 분리하는 기계

원자 물질을 구성하는 기본 입자. 양전하(+)를 띠는 양성자와 전기를 띠지 않는 중성자가 합쳐진 핵이 중심에 있고, 그 주변에서 음전하(−)를 띠는 전자가 돌고 있다.

유선형 앞뒤가 뾰족하고 중간이 부풀어오른 형태. 물이나 공기 속에서 가장 움직이기 쉬운 모양이다.

유전자 부모가 자식에게 물려 주는 유전 정보의 기본 단위. DNA가 어떻게 배열되느냐에 따라서 유전자 안의 정보가 달라진다.

유전자 지도 염색체 안에 어떤 유전자가 어느 위치에 있는지를 나타낸 것

유체 액체나 기체처럼 흐르는 물체

응고 액체가 굳어 고체가 되는 현상

이온 원자가 전자를 잃거나 얻어 전하를 띠는 상태

인공부화 적절한 온도와 습도를 지키며 사람의 손으로 달걀을 부화시키는 것

자궁 척추동물의 암컷 배 속에 있는 기관으로 알이나 새끼를 키워내는 곳이다.

적혈구 피를 이루는 성분 중 하나로 온몸에 산소를 날라 준다.

전자 원자 안에 있는 작은 입자. 음전하를 띤다. 전자가 모여서 흐르는 걸 전류라고 하고, 전류가 흐르면 전기가 생겨난다.

전자기파 자석의 성질인 자기와 전기가 서로 직각을 이루며 파동의 형태로 공간을 퍼져 나가는 것. 빛은 전자기파 형태로 전달되는데, 그중 우리 눈에 보이는 주파수 영역을 '가시광선'이라고 한다.

전자현미경 빠르게 이동하는 전자를 이용해 미생물이나 분자 같은 아주 작은 물질을 크게 확대해 보는 현미경

정자 사람을 포함해 수컷 동물의 몸에서 나오는 생식세포. 자손에게 전해 줄 유전물질이 들어 있다.

조류 새들을 묶어 이르는 말

조류독감 조류에게 전염되는 바이러스 질병. AI라고도 부른다.

종유석 석회 동굴의 천장에서 아래쪽으로 고드름처럼 자라난 돌. 물속에 녹은 탄산칼슘 성분이 다시 굳어서 만들어진다.

주파수 파동이 일어날때 1초당 물체나 물질이 진동하는 횟수. 소리의 경우 주파수가 높을수록 높은 소리, 낮을 수록 낮은 소리가 난다.

줄기세포 여러 종류의 조직으로 자랄 수 있는 능력을 가진 세포. 배아의 세포는 줄기세포다.

지능 어떤 문제에 대해 사고하고 해결하는 '인지 능력'과 어떤 정보를 배우고 익혀서 자기 걸로 삼는 '학습 능력'을 합친 능력. 인간은 동물 중 가장 지능이 높다.

지방 우리 몸에 꼭 필요한 영양소 중 하나. 에너지를 만들고 남는 양은 몸에 쌓인다.

진공 아무것도 없는 공간 또는 그런 상태. 우주는 진공 상태다.

질량 물질이나 물체가 가지고 있는 고유한 양. 질량에 중력의 크기를 곱하면 무게가 된다.

집단면역 어떤 집단에 있는 사람 중 대부분이 면역을 갖고 있는 상태. 집단면역이 잘 유지되면 전염병이 퍼지지 않고 집단의 건강을 지킬 수 있다.

착상 수정란이 엄마의 자궁벽에 달라붙어 자리 잡는 것

천연두 높은 열이 나고 온몸에 물집과 뾰루지가 돋아나는 전염병. 많은 사람을 죽이는 무서운 병이었지만 백신의 발달로 사라졌다.

척추동물 몸을 지탱하는 긴 등뼈(척추)를 갖고 있는 동물. 어류, 양서류, 파충류, 조류, 포유류는 모두 척추동물이다.

칼로리 우리 몸에 들어온 음식물이 내는 에너지의 양이나 열이 많고 적은 정도를 표시하는 단위. 1kcal는 물 1kg의 온도를 1℃ 만큼 올리는 데 필요한 에너지다.

콜레스테롤 우리 몸을 구성하는 데 꼭 필요한 지방 성분. 너무 많을 경우 혈관에 쌓여서 여러 가지 성인병을 일으킨다.

탁란 남의 둥지에 알을 낳고 둥지 주인에게 자신의 새끼를 키우게 하는 것

탄산칼슘 미네랄 성분인 칼슘과 산 성분인 탄산이 결합해 생긴 물질. 조개 껍데기, 알 껍데기, 석회암 등의 주요 성분이다. 콜라나 사이다의 짜릿하고 시원한 맛을 내는 성분이 바로 탄산이다.

탄수화물 우리 몸에 꼭 필요한 영양소 중 하나로 에너지를 낸다.

태반 배 속의 아기와 엄마의 자궁벽을 연결하는 부분으로 아기에게 영양분과 산소를 주고 아기가 내놓은 이산화탄소와 노폐물을 가져간다.

태생 사람처럼 엄마의 배 속에서 자라나 태어나는 것

탯줄 배 속의 아기와 엄마를 연결하는 줄. 탯줄이 떨어져 나간 자리는 배꼽이 된다.

퇴적물 돌, 모래, 생물의 사체 등이 물이나 바람 때문에 한 지역에 모여 차곡차곡 쌓인 것. 퇴적물이 오랜 시간 동안 힘을 받아 굳어진 암석을 퇴적암이라고 한다.

파충류 뱀, 악어, 도마뱀, 거북이처럼 체온을 일정하게 유지하지 못하고 몸이 털 대신 튼튼한 피부나 비늘로 덮인 동물

포란반 알을 품는 새의 배에 있는 부분. 깃털이 벗겨져 있어서 알에 체온을 잘 전달할 수 있다.

포유류 척추가 있고 네 발 또는 두 발로 걸으며 체온이 일정하고 새끼를 낳는 동물. 사람도 포유류의 일종이다.

품종개량 사람에게 필요한 성질이 있는 가축이나 농작물을 골라 키워 더 유용하게 바꾸는 것

ㅎ

항원 세균, 바이러스, 이물질 등 우리 몸에 들어와 면역반응을 일으키는 물질

항체 항원이 들어왔을 때 막아내기 위해 우리 몸이 만드는 물질. 각각 물리치는 항원과 딱 들어맞는 생김새를 하고 있다. 우리 몸은 한 번 들어온 항원을 기억해 두었다가, 같은 항원이 들어왔을 때 맞는 항체를 내보내 재빨리 물리친다.

호르몬 몸의 기능을 정상적으로 유지해 주고 여러 가지 특징을 만들어내는 화학물질

호박 소나무 같은 침엽수의 줄기에서 나온 끈적거리는 액체(송진)가 굳어 만들어진 보석. 안에 곤충이나 동물이 갇혀 있는 경우가 많다.

화석 예전에 살았던 생물의 몸이나 생물이 남긴 흔적이 땅속에 묻혀 돌로 변한 것

화학반응 물질끼리 만나 화학적으로 변하거나 새로운 물질을 만들어내는 반응

효모 술을 빚거나 빵을 숙성할 때 사용하는 미생물. 당 성분을 먹고 이산화탄소나 알코올을 내놓는다.

DNA 유전자를 구성하는 물질. 네 종류의 염기가 1쌍씩 맞물려 서로 꼬인 '이중나선' 구조를 하고 있다. DNA가 돌돌 말린 유전물질을 염색체라고 부른다.

RNA DNA의 유전 정보를 이용해 단백질을 만드는 물질. 우리 몸속의 DNA 정보는 RNA를 거쳐야 제대로 사용된다. 바이러스 중에는 DNA 대신 RNA만 갖고 있는 종류도 있다.

105쪽 난센스 퀴즈 정답
❶ 알쏭달쏭　❷ 알약
❸ 달걀말이　❹ 한계란 없다

사진 출처

20쪽	apple2000
22쪽	Philip Pikart
24쪽	국립중앙박물관
25쪽	M. J. Zuidhof *et al.*, 2014, Growth, efficiency, and yield of commercial broilers from 1957, 1978, and 2005, Poultry Science 93:2970-2982
41쪽	Didier Descouens
53쪽	Simone Castellana, Ed Uthman
67쪽	Flinders University
78쪽	Pinterest
81쪽	ZeWrestler
88쪽	Sam
91쪽	Rept0n1x
94쪽	Peter Rivera
95쪽	Ballista, Steve Starer
99쪽	Jasmina Wiemann *et al.*, 2017, Dinosaur origin of egg color: oviraptors laid blue-green eggs, PeerJ 5(2):1-20
103쪽	Memphis Meats
119쪽	ⓒshutterstock.com
121쪽	국립경주박물관, Eggmoon
그 외	셔터스톡(shutterstock.com)

교과 연계

초등 과학

3학년 1학기
우리 생활과 물질
동물의 한살이
지표의 변화

3학년 2학기
액체와 기체
동물의 생활
지층과 화석

4학년 1학기
혼합물의 분리
화산과 지진
무게 재기

4학년 2학기
물의 상태 변화

5학년 1학기
온도와 열
용해와 용액

5학년 2학기
물체의 빠르기
우리 몸의 구조와 기능
산과 염기

6학년 1학기
여러 가지 기체
생물과 환경

6학년 2학기
생물과 우리 생활
계절의 변화

중등 과학

중1
지권의 변화
여러 가지 힘
생물의 다양성

중2
소화, 순환, 호흡, 배설
물질의 특성
자극과 반응

중3
생식과 발생
여러 가지 화학 반응
유전과 진화

꼬리에 꼬리를 무는 과학 1
데굴데굴 달걀

초판 1쇄 발행 2019년 12월 10일

지은이 현수랑
그린이 허현경
펴낸이 김한청

기획·책임편집 김은영
디자인 나비
마케팅 최원준, 최지애, 설채린

펴낸곳 (주)다른미디어
출판등록 2017년 4월 6일 제2017-000088호
주소 서울시 마포구 동교로27길 3-12 N빌딩 2층
전화 02-3143-6477 **팩스** 02-3143-6479
이메일 khc15968@hanmail.net
블로그 blog.naver.com/magicscience_pub
페이스북 /magicsciencepub

ISBN 979-11-88535-16-3
     979-11-88535-15-6(세트)

매직사이언스는 (주)다른미디어의 과학 브랜드입니다.

• 잘못 만들어진 책은 구입하신 곳에서 바꾸어 드립니다. 값은 뒤표지에 있습니다.
• 이 책은 저작권법에 의해 보호를 받는 저작물이므로,
  서면을 통한 출판권자의 허락 없이 내용의 전부 또는 일부를 사용할 수 없습니다.
• 이 도서의 국립중앙도서관 출판예정도서목록(CIP)은 서지정보유통지원시스템 홈페이지
  (http://seoji.nl.go.kr)와 국가자료공동목록시스템(http://www.nl.go.kr/kolisnet)에서
  이용하실 수 있습니다.(CIP제어번호: CIP2019047763)

 어린이제품 안전특별법에 의한 기타 표시사항
제품명 도서 | **제조자명** (주)다른미디어 | **주소** 서울시 마포구 동교로27길 3-12, 2층
제조년월 2019년 12월 10일 | **제조국** 대한민국 | **사용연령** 8세 이상 어린이 제품
주의사항 책 모서리로 인한 찍힘 또는 종이에 의한 베임에 주의하세요.